ADAC Reiseführer

Schwarzwald

von Rolf Goetz

Intro

Unterwegs

Südlicher Schwarzwald – von sonnenverwöhnten Weinbergen zu Aussichtsgipfeln mit Alpenblick 99

Schwarzwald Kaleidoskop

Karten und Pläne

Service

Leserforum

Die Meinung unserer Leserinnen und Leser ist wichtig, daher freuen wir uns von Ihnen zu hören. Wenn Ihnen dieser Reiseführer gefällt, wenn Sie Hinweise zu den Inhalten haben – Ergänzungs- und Verbesserungsvorschläge, Tipps und Korrekturen – dann schreiben Sie uns bitte:

Redaktion ADAC Reiseführer
ADAC Verlag GmbH
81365 München
verlag@adac.de
www.adac.de/reisefuehrer

Schwarzwald Impressionen

Von Bollenhüten und Kuckucksuhren, Kurgästen und Schwarzwaldadlern

Für viele der jährlich 5 Mio. Besucher ist der Schwarzwald eine der reizvollsten deutschen Ferienregionen. Gleichzeitig ist er mit rund 6000 km² das flächenmäßig größte und mit dem Feldberg (1493 m) auch das höchste deutsche **Mittelgebirge**. Die Liste der Superlative ließe sich leicht fortsetzen. Die sanft gerundeten Hügelkuppen sind zu 60 % von dichtem Wald bedeckt – auch das ein Rekord in Deutschland. Zwischen Berg und Tal gibt es großartige **Naturschönheiten** zu entdecken. Dunkle Tannen spiegeln sich in den klaren Gewässern eiszeitlicher Karseen, etwa dem sagenumwobenen **Mummelsee** am Fuß der Hornisgrinde (1164 m) oder dem auch als Badeplatz beliebten **Titisee** im Hochschwarzwald. Die **Triberger Wasserfälle**, die höchsten Deutschlands, stürzen 163 m zu Tal und angesichts des **Wildseemoors** bei Kaltenbronn mit seiner außergewöhnlichen Vegetation und wildromantischen Schönheit geraten nicht nur Botaniker ins Schwärmen.

Ein weiterer Pluspunkt ist die reine klare Schwarzwaldluft. Wohltuend und gesund sind auch die an die Oberfläche drängenden Thermalquellen. Nirgendwo sonst in Deutschland gibt es mehr **Kurorte** auf so kleinem Raum. Die Therme von **Baden-Baden** stand bereits bei römischen Legionären hoch im Kurs und seitdem ist der Besucherstrom nie abgerissen, sodass die Kurstadt an der Oos

Rechts: *Paradebeispiel für Schwarzwälder Fachwerkromantik bietet der Marktplatz von Schiltach im schönen Kinzigtal*
Unten: *Farbtupfer in hügeliger Landschaft – Berge, Wälder, Wiesen bei St. Märgen*

heute mit ihren Badetempeln, dem klassizistisch geprägten Kurviertel, dem Festspielhaus sowie – nicht zu vergessen – der Spielbank zu den ersten Adressen im Bäder- und Kulturbetrieb des Schwarzwalds gehört. Das ebenfalls mondäne **Bad Wildbad** machte sich bereits im 19. Jh. als repräsentativ herausgeputztes Staatsbad einen Namen und **Badenweiler** im Markgräflerland wartet mit einem überaus milden Klima auf, in dem subtropische Gewächse für ein fast schon mediterranes Flair sorgen.

Daneben lohnen aber auch ›profanere‹ Orte einen Besuch, im Norden etwa die Goldstadt **Pforzheim**, die geschäftig-freundliche Universitätsstadt **Freiburg** im Süden mit dem stolzen 116 m hohen gotischen Münsterturm oder das schmucke **Waldshut-Tiengen** östlich davon mit seinen beiden mittelalterlichen Stadtkernen. Alle diese Siedlungen befinden sich am Rand des Schwarzwalds. In den Talgründen, die das Innere des hügeligen Waldgebiets erschließen, liegen kleinere Orte mit Kirchen und Klöstern wie Perlen in tiefgrüner Fassung. Unbedingt sehenswert ist das wunderbar erhaltene romanische **Zisterzienserkloster Maulbronn** im lieblichen Salzachtal, das seit 1993 zum UNESCO-Weltkulturerbe zählt. Auch ein Besuch der frühklassizistischen Kuppelkirche von **St. Blasien** im oberen Albtal ist ein Muss, immerhin handelt es sich hier-

bei um eine der größten Kuppelkirchen Europas. Und wer reichen Vorarlberger Barock bewundern will, hat dazu in den Klöstern **St. Trudpert** im Münstertal oder **St. Peter** am Fuß des Kandel beste Gelegenheit.

Wo der Kuckuck ruft

Jede Ferienregion lebt von ihren Klischees und auch der Schwarzwald hat einige nette aufzuweisen. So ist etwa der Kuckuck nicht nur in den hiesigen Wäldern zu Hause, sondern schmückt auch etliche Wohnstuben in Form einer **Kuckucksuhr**. Um 1737 soll der Schönwalder Tüftler Franz Anton Ketterer diese Uhr erfunden haben. Allerdings konnte er damals nicht ahnen, dass sein Werk mit den gegossenen Tannenzapfen und dem markanten Stundenruf zum Exportschlager und als *Cuckoo-clock* weltweit das Aushängeschild des Schwarzwalds werden würde. Diese und andere Erfolgsgeschichten der lokalen Uhrenindustrie dokumentiert das sehenswerte *Deutsche Uhrenmuseum* in Furtwangen.

Ein weiteres Wahrzeichen ist der **Bollenhut**, der als Teil der bäuerlichen Tracht des Gutachtals nicht zuletzt durch Heimatfilme wie ›Das Schwarzwaldmädel‹ (1950) zu Weltruhm gelangte. Dabei war die auffällige Kopfbedeckung mit den roten Wollrosen (Bollen) ledigen Frauen vorbehalten, verheiratete Damen trugen

schwarz. Heute kann man Bollenhüte, goldgestickte Schäppel und anderen malerischen Kopfputz noch gelegentlich bei festlichen Anlässen wie Konfirmationen oder Hochzeiten sehen, sicher aber in einem der zahlreichen Heimatmuseen, etwa im *Trachtenmuseum* in Haslach.

Ausgesprochen lebendig ist die Tradition der alemannischen **Fasnet**. Vom *Gompige Dunschtig*, also dem Schmutzigen Donnerstag, bis zum Aschermittwoch ziehen die Narren zu den scheppernden Klängen von Schellen und Schnarren durch die Straßen der malerischen Schwarzwaldstädtchen. Sie tragen fantasievolle Gewänder aus Stofffetzen, so genannte *Häs*, und holzgeschnitzte *Larven*. Diese Masken sind teils lieblich anzuschauen, meist aber Furcht erregend mit grotesk verzerrten Gesichtszügen.

Architektonisches Markenzeichen der Region ist das **Schwarzwaldhaus**. Meist steht das traditionelle Bauernhaus allein in exponierter Lage auf Waldlichtungen

Region stilistisch unterschiedlich gestalteten Höfe.

Sport ist Trumpf

Die Schwarzwälder sind überaus sportbegeistert. Ihren besonderen Ruf begründeten vor allem die **Wintersportler**, allen voran die ›Schwarzwaldadler‹ genannten Skispinger Martin Schmitt und Sven Hannawald oder die Snowboard-Olympiasiegerin Nicola Thost aus Pforzheim. Hochkarätige **sportliche Events** wie die *Weltcup-Skispringen* in Titisee-Neustadt, die *Abfahrtsrennen der Alpinen* am Fahler Loch am Feldberg und der *Schwarzwald-*

Links oben: *Feinste Jugendstilvillen säumen den Kurpark von Baden-Baden*
Links Mitte: *Was wäre die alemannische Fasnet ohne ausdrucksvolle Masken?*
Links unten: *Ein großartiges Raumgefühl vermittelt die Domkuppel von St. Blasien*
Rechts oben: *Alpirsbach bietet neben Bier- auch Kunstgenuss, wie der exquisite spätgotische Kreuzgang beweist*
Rechts Mitte: *Zu göttlichen Badefreuden lädt das Palais Thermal in Bad Wildbad*
Rechts unten: *Dekorative Hausstützen in der Freiburger Kaiser-Joseph-Straße*

oder geschützt ins Tal eingebettet. Unter dem mit Stroh oder Schindeln gedeckten bis fast auf den Boden hinabreichenden riesigen Walmdach sind Wohn- und Wirtschaftsräume vereint. Ein pittoreskes Detail ist der umlaufende Holzbalkon im ersten Stock. Das überaus sehenswerte *Freilichtmuseum Vogtsbauernhof* im Gutachtal zeigt jeweils ein Beispiel der je nach

Auch Freizeitsportler – ob Skifahrer, Radler oder Golfer – finden im Schwarzwald ausgezeichnete Bedingungen vor. Zum Beispiel darf das Mittelgebirge angesichts des vorbildlich ausgebauten Netzes von 23 000 km markierten Wegen ohne Übertreibung als **Wanderparadies** bezeichnet werden. Beliebte Routen führen in die Berglandschaft des *Belchen*, auf die *Badener Höhe* oder die *Hornisgrinde*, die neben landschaftlichen Reizen auch eine überwältigende Fernsicht bieten. Es ist schon ein besonderes Erlebnis, wenn an klaren Tagen vom Gipfel des *Feldbergs* die Schweizer Alpenkette zum Greifen nahe liegt oder man vom *Schauinsland* zu den Vogesen hinüberblicken kann. Ebenso imposant wie die Bergeshöhen sind die Täler, etwa der tief eingekerbte Canyon der *Wutachschlucht* am Südostrand des Schwarzwalds oder die wildromantische *Ravennaschlucht* beim Höllental. Auch die Trendsportart Nordic Walking hat sich im Schwarzwald schnell etabliert.

pokal der Nordischen Kombinierer in Schonach ziehen immer wieder Zehntausende von Besuchern an. Aber die Region hat in diesem Bereich auch Kurioses zu bieten, etwa die *Europameisterschaften im Mannschaftsmähen* mit der Sense, die im August im Luftkurort Enzklösterle stattfinden. Oder den jeweils im Januar/Februar ausgetragenen *Wälder-Cup*, auch als *Rucksacklauf* bekannt, bei dem Skilangläufer den 100 km langen Fernskiwanderweg von Schonach zum Belchen mit einem gefüllten Rucksack auf dem Rücken bewältigen müssen.

Links oben: *Vermarktung per pedes – wandernder Uhrenverkäufer mit seiner Schwarzwälder Präzisionsware*
Unten: *Radfahrer touren um den Feldberg*
Links unten: *Baumblüte in der Ortenau*
Rechts oben: *Im Schwarzwald gibt es viele Talente - Skispringer wie Sven Hannawald oder Martin Schmitt gehörten dazu*
Rechts unten links: *Die Weinkeller am Kaiserstuhl bieten manchen guten Tropfen*
Rechts unten rechts: *Lässig – Rolls Royce vor dem Freiburger Hotel Colombi*

Mekka für Feinschmecker

Eine besondere und ganz eigenständige Attraktion ist auch das gute Essen im Schwarzwald. So gilt etwa die *Schwarz-*

waldstube in Baiersbronn als einer der besten Feinschmeckertempel der Republik. Ob das *Lamm* in Bad Herrenalb, der *Hirschen* in Sulzburg oder der *Schwarze Adler* auf dem Kaiserstuhl, sie alle sind wahre Pilgerziele des **Gourmettourismus**. Auch anderenorts im ›Ländle‹ tafelt man überdurchschnittlich gut. Die Wurzeln der dort gebotenen Schwarzwälder Küche sind vielfältig, sie kombiniert gekonnt typisch Badisches und Schwäbisches mit Anleihen aus der eidgenössischen und vor allem der französischen Küche, ohne dabei ihren bodenständigen

Charakter aufzugeben. **Spezialitäten** sind etwa *Käs'spätzle* oder mit allerlei Köstlichkeiten gefüllte *Maultaschen*, geräucherte *Bachforelle* oder der mit reichlich gerösteten Zwiebeln garnierte *Zwiebelrostbraten*. Dazu genießt man am besten ein *Viertele* aus den badischen Weinregionen – der Ortenau, dem Kaiserstuhl oder dem Markgräflerland. Eine deftige Delikatesse ist der *Schwarzwälder Schinken*, wogegen es die *Schwarzwälder Kirschtorte* als süße Versuchung zu Weltruhm gebracht hat.

Der Reiseführer

Dieser Band stellt die Ferienregion Schwarzwald mit ihren Sehenswürdigkeiten in *sechs Kapiteln* vor. Präzise **Übersichtskarten** in den beiden Umschlagklappen und detaillierte **Stadtpläne** erleichtern die Orientierung vor Ort. Mithilfe der **Top Tipps**, die Empfehlungen zu ausgewählten Hotels, Restaurants, Wanderungen, Museen, Kirchen und Klöstern etc. bieten, findet man schnell die Highlights. Den Besichtigungspunkten sind **Praktische Hinweise** mit wichtigen Adressen angegliedert. Abschließend hält das Kapitel **Schwarzwald aktuell A bis Z** eine Fülle von Informationen bereit – von Anreise über Essen und Trinken, Feste und Feiern, Kuren oder Nachtleben bis hin zu Sport und Verkehrsmitteln im Land. Ein **Kaleidoskop** mit Kurzessays zu interessanten Schwarzwaldthemen rundet den Reiseführer ab.

Geschichte, Kunst, Kultur im Überblick

Von römischen Thermen, alemannischen Bräuchen, schmucken Klöstern und fürstlichem Vergnügen

um 4000 v. Chr. In der Jungsteinzeit lassen sich an den Randzonen des bis dahin unbewohnten Schwarzwalds vereinzelt Jäger und Bauern nieder.

ab 800 v. Chr. Keltische Stämme legen im Vorgebirge des Schwarzwalds befestigte Dörfer an, etwa bei Kirchzarten nahe dem heutigen Freiburg.

6. Jh. v. Chr. Aus der Hallstattzeit ist ein keltisches Fürstengrab auf dem Magdalenenberg bei Villingen belegt.

ab 58 v. Chr. Die Römer drängen die Kelten am Oberrhein zurück. Sie gründen Siedlungen und errichten an den heißen Quellen des Schwarzwalds Thermen, etwa bei Baden-Baden oder Badenweiler.

um 74 n. Chr. Eine römische Heerstraße durch das Kinzigtal verbindet das oberrheinische Straßburg mit Tuttlingen an der Donau. Der innere Schwarzwald bleibt nach wie vor unbesiedelt.

259/260 Alemannen fallen von Norden her in die Region ein und lassen sich hier nieder. Die Gegend südlich der beiden Flüsse Oos und Murg wird zu ihrem Kernland, in dem sich alemannische Mundart und typisches Brauchtum (z. B. Fasnacht) bis heute erhalten haben.

496 In der Schlacht von Zülpich schlägt Frankenkönig Chlodwig (um 466–511) die Alemannen.

ab 600 Bei der Christianisierung im fränkischen Reich spielen irische und angelsächsische Missionare eine bedeutende Rolle.

um 640 Der irische Mönch Trudpert gründet im Münstertal eine Einsiedelei, aus der sich nach seinem Tod um das Jahr 643 das Kloster St. Trudpert entwickelt, das erste auf der rechten Seite des Rheins und eine Keimzelle für die spätere Besiedlung des Hochschwarzwaldes.

868 In einer Urkunde des Klosters St. Gallen wird erstmals der Name ›Saltus Svarzwald‹ erwähnt. Er bezeichnet den damals noch größtenteils unzugänglichen, überwiegend von Wald bedeckten Gebirgszug nördlich des Hochrheins.

ab 1000 Die Schwarzwaldhöhen werden zunehmend besiedelt. Maßgeblichen Anteil daran haben die Klostergründungen der Benediktiner in Reichenbach (1082), Alpirsbach (1095) und Enzklösterle (1145). Die Mönche roden den Wald und legen Viehhöfe an. Im Gefolge der Klostergemeinschaften siedeln sich Bauern und von der Waldnutzung lebende Holzfäller, Flößer und Köhler an.

1091 Die schwäbischen Herzöge von Zähringen gründen die Stadt Freiburg im Breisgau sowie Villingen (um 1100) und Offenburg (um 1148).

1092 Im cluniazensischen Reformkloster Hirsau wird die Klosterkirche Peter und Paul geweiht, Süddeutschlands größter romanischer Sakralbau.

1218 Der letzte Zähringerherzog Bertold V. stirbt ohne männlichen Erben. Ein Teil des Zähringer-Gebiets

1347–1351 wird auch die jüdische Gemeinde von Sulzburg verfolgt

fällt nun an die Staufer. Im Nordschwarzwald gehen große Besitzungen an die Markgrafen von Baden, darunter die Stadt Pforzheim sowie die Klöster Herrenalb und Frauenalb. Im Osten erben die Fürstenberger Land. Sie kontrollieren von ihrer Residenz Donaueschingen aus das Bregtal sowie Wolfach, Hausach und Haslach an der Kinzig.

1273 Graf Rudolf von Habsburg (1218–1291) wird König der Habsburger. Zu seinen umfangreichen Besitzungen in der Nordschweiz, dem Elsass und am Oberrhein gehören die Klöster Säckingen und St. Blasien, von denen Rudolf seinen Einfluss auf den südwestlichen Schwarzwald ausdehnt.

1326 Die Habsburger erwerben die Stadt Villingen.

1342 Hirsau gelangt unter württembergische Hoheit. Die Württemberger setzen sich im Murgtal fest und kontrollieren bald auch Hornberg und Liebenzell.

1347–51 Eine Pestepidemie sucht ganz Europa heim, auch im Schwarzwald beginnt ein großes Sterben. In Südwestdeutschland kommt es zu Pogromen an der jüdischen Bevölkerung, die für die Seuche verantwortlich gemacht wird.

1368 Freiburg unterstellt sich den Habsburgern, die nun zur stärksten politischen Macht im mittleren und südlichen Schwarzwald werden.

1457 Der vorderösterreichische Erzherzog Albrecht VI. stiftet die Universität Freiburg (heute Albert-Ludwigs-Universität.

1524/25 Bauernaufstände erschüttern den Schwarzwald. Der Unmut der Landbevölkerung richtet sich gegen fürstliche Willkür und die beständige Erhöhung der Abgaben. Die Aufstände werden blutig niedergeschlagen.

1529 Da sich die schweizerische Stadt Basel zur Reformation bekennt, flüchtet das Basler Domkapitel nach Freiburg, ebenso der an der Basler Universität lehrende Humanist Erasmus von Rotterdam.

Herzog Johann Friedrich lässt zu Beginn des 17. Jh. dieses goldene Fünf-Dukaten-Stück bei Freudenstadt prägen

1534 Herzog Ulrich führt in seinen Ländern Württemberg und Baden-Durlach die Reformation ein. Die von den Habsburgern und Fürstenbergern kontrollierten Gebiete des südlichen Schwarzwalds bleiben katholisch. Diese konfessionelle Trennung besteht im Wesentlichen bis heute.

1599 Herzog Friedrich I. von Württemberg gründet Freudenstadt.

17. Jh. Die Flößerei wird zu einer der wichtigsten Erwerbsquellen im Schwarzwald. Über die Flüsse Murg, Kinzig und Rhein werden Tannenstämme bis nach Holland geschifft. Ferner entwickelt sich die Uhrmanufaktur zu einem wichtigen wirtschaftlichen Standbein.

1618–48 Im Laufe des Dreißigjährigen Krieges plündern und zerstören französische und schwedische Truppen etliche Orte im westlichen Schwarzwald. Hungersnöte und Seuchen dezimieren die Bevölkerung des Schwarzwalds um mehr als die Hälfte.

1669 Der im Schwarzwald lebende Johann Jacob Christoffel von Grimmelshausen (1621–1676) veröffentlicht seinen Schelmenroman ›Simplicissimus‹. Das fünfbändige Werk gilt als einer der bedeutendsten Titel der deutschen Barockliteratur. Die Handlung um den naiven Helden spielt in der Zeit des Dreißigjährigen Krieges und zeichnet auch in moralischer Hinsicht ein detailliertes Bild der damaligen Zeit.

1688–97 Während des Pfälzischen Erbfolgekrieges ziehen französische Truppen brandschatzend durch den Schwarzwald. Besonders in Mitleidenschaft gezogen werden Pforzheim sowie die freien Reichsstädte Offenburg und Gengenbach.

1805/06 Im Rahmen der Neuordnung Europas unter Napoleon entstehen u. a. aus den beiden Kurfürstentümern Baden und Württemberg das Großherzogtum Baden und das Königreich Württemberg, denen der Schwarzwald etwa je zur Hälfte zugeschlagen wird. Beide gehören dem von Napoleon initiierten Rheinbund an.

1816 Nach dem Sturz Napoleons werden Baden und Württemberg Mitglieder des Deutschen Bundes, einer Staatengemeinschaft unter dem Vorsitz Österreichs.

1818 Baden gibt sich eine liberale Verfassung mit Dreiklassenwahlrecht, das für die damalige Zeit fortschrittlich ist.

1837 In Haslach im Kinzigtal wird Heinrich Hansjakob geboren. Erzählungen (›Der Vogt auf Mühlstein‹ 1895, ›Waldleute‹ 1897), Reiseberichte und Essays über seine Heimat machen den Pfarrer und Dichter († 1916) zu einem der populärsten Volks-

Mönchischer Ernst – Selbstbildnis (1880) des Malers und Graphikers Hans Thoma

schriftsteller des Schwarzwalds.

1838 Jean Jacques Bénazet pachtet die Spielbank im Kurhaus von Baden-Baden. Das Unternehmen floriert und bald avanciert die Bäderstadt zum internationalen Treff von Hochadel, Boheme und Glücksrittern.

1839 In Bernau wird Hans Thoma († 1924) geboren, der dank seiner naturalistisch geprägten Landschaftsbilder, Porträts und Stillleben zu den bekanntesten Malern des Schwarzwalds zählt.

1848/49 Die Juristen und badischen Kammerabgeordneten Friedrich Hecker und Gustav Struve fordern die Abschaffung der Monarchie. Sie arbeiten auf eine Badische Republik hin und rufen zum bewaffneten Aufstand auf. Doch diese ›Badische Revolution‹ findet in der Bevölkerung nur wenig Unterstützung und wird rasch niedergeschlagen.

1864 In Freiburg wird der Badische Schwarzwaldverein gegründet. Ziel der ehrenamtlichen Mitglieder ist es, den Schwarzwald als Erholungsgebiet bekannt zu machen. Sie beginnen mit dem Anlegen eines Wanderwegenetzes, das bald viele Urlauber in die Region lockt.

1871 Nach dem Sieg Otto von Bismarcks über Napoleon III. im Deutsch-Französischen Krieg 1870/71 ruft am 18. Januar Großherzog Friedrich von Baden im Versailler Schloss den preußischen König Wilhelm I. zum Deutschen Kaiser aus. Das Großherzogtum Baden wird Mitglied des neu gegründeten Deutschen Reiches.

1873 Einweihung der Schwarzwaldbahn, die zwischen Offenburg und Donaueschingen verkehrt.

1877 In Calw erblickt Hermann Hesse das Licht der Welt. Der spätere Literaturnobelpreisträger († 1962) verbringt seine Kindheit an der Nagold und drückt u. a. im Kloster Maulbronn die Schulbank. Seine Romane ›Siddharta‹ (1922), ›Steppen-

Der Politiker Friedrich Hecker (stehend, mit ›Hecker-Hut‹) und weitere Republikaner planen die – erfolglose – Revolution von 1848/49 (Gemälde vom Ende des 19. Jh.)

Kühnes Meisterwerk der Technik: die Höllentalbahn überquert die Ravennaschlucht

Die Tiefe der menschliche Seele beschreibt der 1877 in Calw geborene Hermann Hesse

wolf‹ (1927) und sein Spätwerk ›Das Glasperlenspiel‹ (1943) machen ihn zum meistgelesenen deutschen Schriftsteller des 20. Jh.

1887 Die Höllentalbahn von Freiburg nach Neustadt nimmt den Betrieb auf.

1891 Wintersportler gründen in Todtnau den ersten Skiklub Deutschlands. Skifahren gewinnt im Hochschwarzwald zunehmend an Popularität.

1918 Nach dem Ersten Weltkrieg wird Baden Freistaat und in die Weimarer Republik eingebunden.

1934 Der Badische Schwarzwaldverein schließt sich mit seinem württembergischen Pendant zum Schwarzwaldverein zusammen.

1938 In der Reichskristallnacht zerstören Nationalsozialisten die Synagogen in Freiburg und Baden-Baden. Auch die große jüdische Gemeinde in Sulzburg ist Repressionen ausgesetzt.

1944/45 Gegen Ende des Zweiten Weltkrieges zerstören Luftangriffe der Alliierten mehrere Schwarzwaldstädte, schwer getroffen werden vor allem Freiburg, Pforzheim und Freudenstadt. Nach der deutschen Kapitulation ist der Schwarzwald bis zur Gründung der Bundesrepublik Deutschland (1949) Teil der französischen Besatzungszone.

1952 Nach einem Referendum schließen sich die vormaligen deutschen Länder Baden, Württemberg-Baden und Württemberg-Hohenzollern zum Bundesland Baden-Württemberg zusammen. Landeshauptstadt wird Stuttgart.

1975 In Wyhl am Kaiserstuhl besetzen Atomkraftgegner die Baustelle eines geplanten Kernkraftwerks und verhindern letztlich auch dessen Errichtung. Das Dreiländereck wird zu einer Hochburg des Widerstandes gegen die zivile Nutzung der Atomkraft.

ab 1980 Im Schwarzwald werden erstmals weit reichende Baumschäden entdeckt, das Wort vom ›Waldsterben‹ wird geprägt. Besonders betroffen sind die Kammlagen im Nordschwarzwald.

1985 Bundeskanzler Helmut Kohl besucht den Schwarzwald und zeigt sich über den Zustand der Wälder erschüttert. Einige Gemeinden legen Lehrpfade an, die über das Waldsterben informieren. Waldschutz- und Wiederaufforstungsprojekte finden in den Kommunen und bei der Bevölkerung große Zustimmung.

1998 In Baden-Baden eröffnet das Festspielhaus und avanciert dank seiner Tanz- und Konzertaufführungen bald zu einer der renommiertesten Adressen im deutschen Kulturbetrieb.

1999 Mehrere Gemeinden gründen die ›Initiative Naturpark Schwarzwald‹, um den Schwarzwald als Erholungslandschaft zu schützen, ihn aber auch hinsichtlich Land- und Forstwirtschaft, Besiedlung, Tourismus und Sport behutsam zu entwickeln. – Am zweiten Weihnachtsfeiertag fegt der Orkan ›Lothar‹ über Süddeutschland hinweg und zerstört im Schwarzwald durch Windbruch etwa 10 % des Waldbestandes.

2002 Mit Dieter Salomon wählt Freiburg als erste deutsche Großstadt einen grünen Oberbürgermeister.

2003 Die Stadt Donaueschingen veranstaltet die Europameisterschaft der Springreiter.

2004 Am 22. Oktober eröffnet das neue Museum Sammlung Frieder Burda in Baden-Baden.

2006 Im Juni eröffnet in St. Georgen mit dem Kunstraum Grässlin und den Räumen für Kunst ein neuartiges Museum für eine herausragende Sammlung von Gegenwartskunst.

Kurort am Kandel mit Klosterkirche –
St. Peter ist eine wahre Perle des Breisgau

Unterwegs

Nördlicher Schwarzwald – mondäne Bäderkultur im dunklen Tann

In **Baden-Baden** konzentriert sich das kulturelle Leben wie in keiner anderen Stadt im Nordschwarzwald. Im Jahr 1998 eröffnete das *Festspielhaus*, mit dem sich der Thermalkurort anschickt, zu einem der ganz Großen im deutschen Kulturbetrieb zu werden. Auch die *Baden-Badener Spielbank* erweist sich als Publikumsmagnet und zieht seit gut 150 Jahren Spielernaturen an das Flüsschen Oos. Schon fast ebenso lange laufen auf der Galopprennbahn im nahe gelegenen **Iffezheim** schnelle Pferde um Sieg und Platz.

Von Baden-Baden folgt die an Ausblicken reiche **Schwarzwaldhochstraße** dem Hauptkamm des Mittelgebirges zum sagenumwobenen **Mummelsee**, der seinen Namen den angeblich hier heimischen ›Mümmeln‹, also Wassernixen, verdankt. Über dem eiszeitlichen Karsee erhebt sich die **Hornisgrinde** (1163 m), der höchste Gipfel im nördlichen Schwarzwald, von dem sich ein herrlicher Blick über die Rheinebene hinweg auf die Vogesen öffnet. Unweit südöstlich davon ist **Baiersbronn** einer der beliebtesten Ferienorte im schönen Murgtal. Die waldreiche Gemeinde bietet u. a. ein sehr gut ausgebautes Wanderwegenetz, ist aber dank mehrerer Spitzenlokale auch Feinschmeckern wohl bekannt.

1 Baden-Baden *Plan Seite 20*

Mondänes Weltbad und Treff der Hautevolee.

Gepflegte Kuranlagen, klassizistische Villen und exklusive Hotels betonen die gediegene Atmosphäre von Baden-Baden (52 000 Einw.), die an den Glanz der Belle Epoque im 19. Jh. anknüpft, als das **Heilbad** im zur Rheinebene hin geöffneten Oostal die ›Sommerhauptstadt Europas‹ war. Noch heute ist der Kur- und Bäderbetrieb der wichtigste Wirtschaftszweig des mit 4600 Gästebetten größten Ferienortes im Schwarzwald. Große Events wie die *Iffezheimer Galopprennen* im Frühling und Sommer oder die Gala zur Wahl der *Sportler des Jahres*, die jeweils zum Jahresende in Baden-Baden stattfindet, machen die sympathische Kurstadt zu einem Treff von Prominenz und Jetset aus aller Welt.

Geschichte Um 80 n. Chr. gründeten die Römer bei heißen Quellen im hier weiten, hügeligen Tal der Oos das Heilbad **Aquae Aureliae**. Unter *Caracalla* (211–217) wurden die dortigen Thermen großzügig zum Kaiserbad ausgebaut, doch bescherten sie der Siedlung bis zu ihrer Zerstörung durch die Alemannen um das Jahr 260 eine nur kurze Blüte. Auf die Alemannen folgten im 6. Jh. die Franken als Landesherren, doch erst unter der Herrschaft der **Zähringer** gewann der nun als Baden bekannte Ort wieder an Bedeutung. *Hermann II.* von Zähringen († 1130) errichtete im ausgehenden 11. Jh. auf dem Battert, dem heutigen Schlossberg, die *Burg Hohenbaden*. Auf dem gegenüberliegenden Florentinerberg entstand im 14./15. Jh. das sog. **Neue Schloss**, das *Christoph I.*, Markgraf von Baden, im Jahr 1479 zu seiner Residenz erhob. Er befestigte die mittelalterliche Stadt durch eine Mauer und erließ 1507 eine Bäder- und Herbergsordnung.

Seinen schwärzesten Tag erlebte Baden-Baden am 24. August 1689, als französische Truppen die Stadt bis auf die Grundmauern niederbrannten. Der Wiederaufbau erfolgte rasch und unspektakulär. Zu Beginn des 19. Jh. erhielt Baden-Baden unter Federführung des Baumeisters *Friedrich Weinbrenner* (1766–1826) ein neues architektonisches Gesicht. Der da-

Über die Dächer des klassizistischen Friedrichsbades hinweg hat man einen schönen Blick auf die Stadtkulisse Baden-Badens am Hang des bewaldeten Hungerbergs

mals neben Karl Friedrich Schinkel bekannteste Architekt des deutschen Klassizismus war maßgeblich am Aufbau des Kur- und Villenviertels beteiligt, das mit seiner symmetrischen Monumentalität, mit Portiken, Dreiecksgiebeln und Arkadengängen noch heute Baden-Badens Erscheinung prägt. Schon bald stellte sich in der neu belebten Bäderstadt eine internationale Schar von Gästen ein – der Ort avancierte zum europäischen **Modebad** schlechthin. Nicht umsonst kam es 1863 im Baden-Badener Hotel d'Angleterre zum Aufsehen erregenden **Drei-Kaiser-Treffen** von Franz-Joseph von Österreich, Zar Alexander von Russland und dem Franzosen Napoleon III. Auch kulturell setzte ein Höhenflug ein: So gab etwa 1827 im damals neuen Kurhaus *Felix Mendelssohn Bartholdy* ein Klavierkonzert, drei Jahre darauf begeisterte der als Wundergeiger gefeierte *Niccolò Paganini* das Publikum. Die Pianistin und Komponistin *Clara Schumann* (1819–1896) ließ sich 1856 an der Oos nieder und schon bald war ihr Haus Mittelpunkt der musikalischen **Salonkultur** der deutschen Romantik.

Einen erheblichen Teil zum exklusiven Ruf Baden-Badens trug die **Spielbank** bei, die sich seit ihrer Gründung 1838 unter den französischen Pächtern *Jean Jacques Bénazet* und seinem Sohn Edouard zu einem Treffpunkt des internationalen Geldadels entwickelte. Viel gesehene Gäste waren beispielsweise russische Adlige, die sich gern und zahlreich in Baden-Baden aufhielten. Am 14. Juli 1857 notierte *Leo Tolstoi* (1828–1910) lapidar in sein Tagebuch: »Roulette bis sechs Uhr gespielt. Alles verloren.« Nicht minder hart traf es *Fjodor M. Dostojewski* (1821–1881), der bei einem seiner häufigen Besuche in Baden-Baden selbst einen Teil seiner Garderobe und die Eheringe verspielte. Seine persönlichen Erfahrungen am Roulettetisch verarbeitete der Dichter in dem 1867 erschienenen Roman ›Der Spieler‹.

Nachdem die Spielbank 1872 per Staatsdekret geschlossen wurde, konzentrierte sich der Kurort wieder mehr auf den Badebetrieb: Mit dem 1877 eröffneten **Friedrichsbad** leistete man sich einen der prächtigsten Badetempel Europas.

In beiden Weltkriegen blieb die Stadt weitgehend von Zerstörungen verschont. 1946 begann der **Südwestfunk** in Baden-Baden zu senden, der Kur- und Spielbankbetrieb folgte 1950. 1966 entstand das *Augustabad*, das in den 1980er-Jahren modernisiert und zur heute so beliebten **Caracalla-Therme** erweitert wurde. Jüngstes kulturelles Highlight ist die **Sammlung Frieder Burda**, die im Jahr 2004 ihre ersten Besucher willkommen hieß.

Rund um den Marktplatz

Vom zentral gelegenen Marktplatz sind es nur wenige Schritte zum **Rathaus** 1, das in einem ehem. Jesuitenkolleg seinen Platz gefunden hat. Der schlichte Barockbau wurde Anfang des 19. Jh. von Friedrich Weinbrenner umgebaut und diente zunächst als Kurhaus. Nach Fertigstellung des neuen Kurhauses 1824 richtete sich in dem mehrflügligen Gebäude die Stadtverwaltung ein.

Unmittelbar gegenüber des Rathauses ragt die dreischiffige **Stiftskirche Peter und Paul** 2 (tgl. 8–18 Uhr) auf. Die Fundamente der an sich spätgotischen Pfarrkirche ruhen auf den Resten einer römischen Therme, der im 13. Jh. begonnene Bau erfuhr in den folgenden Jahrhunderten erhebliche Umbauten. Seit 1751 ziert ein barocker Spitzhelm die achteckige Glockenkammer, auch der Figurenschmuck am Hauptportal [Originale im Stadtmuseum, s. u.] stammt aus dieser Zeit. Im Kircheninneren ist links vom Chor das fast 13 m hohe *Sakramentshäuschen* nicht zu übersehen, dessen filigrane Steinmetzarbeit ein anonymer Meister im 15. Jh. schuf. Der *Chor* diente ab Ende des 14. Jh. als Grablege der badischen Markgrafen. Besonders prunkvoll ausgefallen ist der 1752 von dem Stuckateur Johannes Schütz geschaffene *Epitaph* des als ›Türkenlouis‹ bekannten Markgrafen

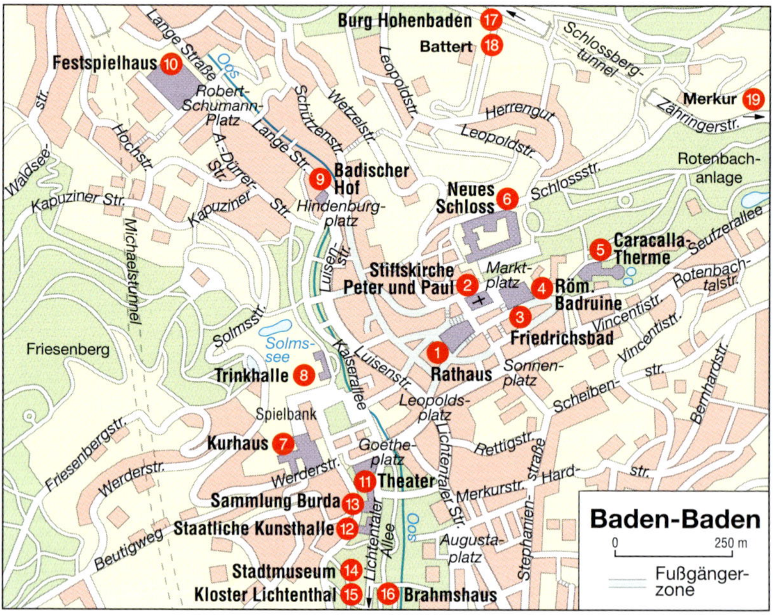

Ludwig Wilhelm I., dessen Abbild in Feldherrenpose über dem in eine Mauernische eingelassenen Sarg wacht. Im Chor ist außerdem ein gut 5 m hohes ausdrucksstarkes *Sandsteinkruzifix* (1467) von Niclaus Gerhaert von Leyden sehenswert.

Die Nordfassade der Stiftskirche ist zum großen Marktplatz gewandt, an dessen Ostseite sich die mächtige Kuppel des **Friedrichsbades** 3 (Mo–Sa 9–22, So 12–20 Uhr, www.carasana.de) erhebt. Das Thermalbad wurde 1869–77 nach einem Entwurf von *Carl Dernfeld* erbaut und galt seinerzeit als der gediegenste Badetempel Europas. Die Rundbogenfenster der Fassade sind von der italienischen Hochrenaissance beeinflusst, über dem Portal liest man Goethes Lobpreisung des Wassers: »Wunderwirkend strömt die Welle • Strömt der heiße Dampf der Quelle • Mut wird freier • Blut wird neuer • Heil dem Wasser • Heil dem Feuer«. Das Schmuckstück des originalgetreu restaurierten Badehauses mit Römisch-Irischem Dampfbad, Thermal- und Sprudelbecken ist ein von italienischem Marmor eingefasstes rundes Bewegungsbad.

Unter dem Friedrichsbad bzw. zum Teil unter dem Pflaster des benachbarten Römerplatzes liegt die fast 2000 Jahre alte **Römische Badruine** 4 (Mitte März–Mitte Nov. tgl. 11–13 und 14–17 Uhr, www.badruinen.de). Das antike Soldatenbad

Über der Zentralkuppel des Friedrichsbades ragt die Stiftskirche Peter und Paul auf

Römisches Ambiente – die Caracalla-Therme macht ihrem Namen Ehre

entstand ab 79 n. Chr. und wurde unter Kaiser Marcus Aurelius Antonius, genannt Caracalla, luxuriös ausgebaut. Die Kalt- und Warmwasserbecken sind noch deutlich erkennbar, für Komfort sorgte eine Fußboden- und Wandheizung, die heute wieder gut zu erkennen ist. Ein kleines Museum zeigt, wie die Anlage einst aussah.

Modernen Badegenuss verspricht die westlich davon gelegene TOP TIPP **Caracalla-Therme** 5 (tgl. 8–22 Uhr) mit weitläufiger Pool- und Saunalandschaft, eines der größten Erlebnisbäder Deutschlands. Auf eine Wasserfläche von fast 1000 m² verteilen sich etliche Sprudel-, Kalt- und Heißwasserbecken, Whirlpools und ein Strömungskanal. Rundum wohl fühlen kann man sich auch in Fangoschlamm oder im auf 43–46° erwärmten *Aroma-Dampfbad*.

Vom Marktplatz erreicht man über die Schlossstraße nach kurzem Aufstieg das **Neue Schloss** 6, das auf dem Florentinerberg in 212 m Höhe über der Stadt thront. Die ehemals gotische Burg wurde 1479 von Markgraf Christoph I. zur Residenz erhoben und unter Philipp II. 1573–75 zu einem Renaissancepalast umgebaut. Nach dem großen Brand von 1689 fiel der Wiederaufbau weitaus weniger prunkvoll aus. Von der Schlossterrasse genießt man einen herrlichen Ausblick über die Dächer der Stadt. Das Innere ist nicht zugänglich, die Anlage soll in ein exklusives Hotel verwandelt werden.

Kurviertel

Über die Fieser-Brücke gelangt man von der Altstadt ans linke, westliche Ufer der Oos, wo im 19. Jh. das Kurviertel angelegt wurde. Vom Fluss führen die *Kolonnaden*, eine von exquisiten Boutiquen gesäumte Flanierzeile, zum nur gut 100 m entfernten TOP TIPP **Kurhaus** 7. Friedrich Weinbrenner errichtete den repräsentativen einstöckigen Zweiflügelbau 1821–24 im Geiste des Klassizismus. Zentraler Blickfang ist der auf acht korinthischen Säulen ruhende, doch ansonsten schlicht gehaltene Mittelbau. Der dahinter liegende Weinbrennersaal jedoch ist mit edlen Materialien und funkelnden Kristalllüstern prachtvoll ausgestattet. Der rechte Flügel des Kurhauses wurde von Bühnenarchitekt Charles Séchan 1853/54 im Stil der französischen Königsschlösser ausgebaut und beherbergt nun die **Spielbank** (www.casino-baden-baden.de, Fr/Sa 14–3, So–Do 14–2 Uhr, Personalausweis und korrekte Kleidung erforderlich; Führungen April–Okt. tgl. 9.30–12, Nov.–März

Unter den Sonnenschirmen des Kurhaus-Cafés treffen sich im Sommer Einheimische wie Kurgäste zu Nachmittagstee oder sonntäglicher Kaffeerunde

10–12 Uhr). Jedes Jahr versuchen rund 600 000 Gäste bei Roulette, Baccara, Black Jack oder an Spielautomaten ihr Glück. Die vier historischen Säle sind mit Stuck, Skulpturen, Kronleuchtern und Deckengemälden außergewöhnlich üppig ausgestattet. Besonders gediegen präsentiert sich der *Rote Saal*, dessen Wände nach dem Vorbild von Versailles mit rotem und goldenem Seidendamast bespannt sind.

Nördlich des Kurhauses liegt inmitten gepflegter Gärten die klassizistische **Trinkhalle** 8 (tgl. 10–18 Uhr). Der 90 m lange Wandelgang entstand 1839–42 nach einem Entwurf des Weinbrenner-Schülers Heinrich Hübsch (1795–1863). In der offenen Vorhalle sind auf 14 Fresken Episoden aus der badischen Sagenwelt dargestellt. In der Halle kann man das Thermalwasser der Friedrichsquelle probieren. Die hier einquartierte Stadtinformation bietet Auskunft zu Baden-Baden.

Der Oos weiter flussabwärts folgend erreicht man bald das Hotel **Badischer Hof** 9 am Hindenburgplatz. Im Park des von Weinbrenner 1809 aufwendig umgebauten ehem. Kapuzinerklosters steht der 1925 von Ernst Walker geschaffene *Drei-Schalen-Brunnen*. Das Sendebild des Südwestfunks machte den aus Muschelkalk modellierten Wasserspender zum Wahrzeichen der Stadt. Der Brunnen wird mit dem warmen Thermalwasser der sog. Ursprungsquelle gespeist, sodass im Winter über den Schalen Dampf aufsteigt.

Nordwestlich des Hindenburgplatzes befindet sich das 1998 eingeweihte **Festspielhaus** 10 (Führungen Mo–Fr 11, Sa, So 14 Uhr, Treffpunkt in der Schalterhalle des

Samt und Seide umgeben die Gäste im Roten Saal der Spielbank Baden-Baden

Ein Wandelgang von beeindruckenden Ausmaßen und Fresken mit Motiven aus badischen Volkssagen schmücken die Vorderseite der Baden-Badener Trinkhalle

Alten Bahnhofs). Mit Platz für 2500 Gäste gehört es zu den größten in Europa. Verantwortlich zeichnet der Wiener Architekt Wilhelm Holzbauer, der es geschickt verstand, den modernen Kulturtempel mit der ehem. Eingangshalle des Alten Bahnhofs aus dem späten 19. Jh. zu einem harmonischen Gebäude zu verbinden. Das wegen seiner brillanten Akustik viel gerühmte Haus ist Bühne für große Namen wie Mezzo-Sopran Cecilia Bartoli oder die Violinistin Anne-Sophie Mutter. Höhepunkte im Konzertjahr sind die *Pfingstfestspiele* und die *Sommerfestspiele* im Juli (Ticket-Hotline Tel. 07221/3013101, www.festspielhaus.de).

Wendet man sich vom Kurhaus flussaufwärts, nach Süden, befindet sich am nahen Goetheplatz das **Theater** 11, ein von Charles Couteau im neobarocken Stil der Pariser Oper entworfener Prachtbau. Zur Einweihung 1862 wurde Hèctor Berlioz' Oper ›Béatrice und Bénédict‹ uraufgeführt. Die klassizistische Villa nebenan beherbergt die 1907–09 eingerichtete **Staatliche Kunsthalle** 12 (Di–So 11–18, Mi 11–20 Uhr, www.kunsthalle-baden-baden.de). Sie hat keine eigenen Bestände sondern zeigt wechselnde Kunst- und Architekturausstellungen von internationalem Rang. Seit Oktober 2004 ist in einem von dem New Yorker Architekten Richard Meier entworfenen Neubau die **Sammlung Frieder Burda** 13 (Di–So 11–18 Uhr, www.museum-frieder-burda.de) zu sehen. Die Stiftung des Baden-Badener Kunstsammlers umfasst rund 500 Bilder und Skulpturen der klassischen Moderne und zeitgenössischen Kunst. Neben Werken von Ernst Ludwig Kirchner und August Macke nimmt der amerikanische Expressionismus, vertreten etwa durch Mark Rothko und Willem de Kooning, einen breiten Raum ein. Prägend für die hochkarätige Sammlung sind Werkgruppen der deutschen Künstler Gerhard Richter und Sigmar Polke.

TOP TIPP

Das **Stadtmuseum** 14 (Di–So 10–18, Mi bis 20 Uhr, Lichtentaler Allee 10) gibt einen informativen Einstieg in die Stadtgeschichte von der Römerzeit bis ins 19. Jh. Besondere Beachtung verdienen die römischen Votivsteine der archäologischen Sammlung.

Lichtental

Vom Stadtmuseum führt die mit Eichen und Buschwerk bestandene *Lichtentaler Allee*, eine wenig befahrene Einbahnstraße, in den Vorort Lichtental gut 2 km südöstlich des Kurviertels. Das dortige **Kloster Lichtenthal** 15 (Führungen auf Anmeldung Di–So 15 Uhr, Tel. 07221/504910, www.abtei-lichtenthal.de) wur-

Rückendeckung – der klare kubische Neubau verbindet sich mit dem klassizistischen Zweiflügelbau des Alten Bahnhof in gelungener Synthese zum Festspielhaus

Das Festspielhaus heißt seine Gäste in einem weiten lichten Foyer willkommen, dem man seine einstige Bestimmung als Bahnhofsschalterhalle nicht mehr ansieht

de 1245 von Markgräfin Irmengard als Zisterzienserinnenabtei gegründet. Im einschiffigen Langhaus der immer zugänglichen gotischen *Stiftskirche* aus dem 14./15. Jh. sind die sechsteilige Steinkanzel (1606) mit einem Relief des hl. Bernhard von Clairvaux sowie die Empore und das Chorgestühl (1766) sehenswert. Bereits 1288 wurde die benachbarte *Fürstenkapelle* erbaut, die u. a. das Hochgrab der Klosterstifterin beherbergt. Das barocke Erscheinungsbild der sich um den Klosterhof gruppierenden benachbarten Konventsgebäude geht im Wesentlichen auf den Vorarlberger Baumeister Peter Thumb (1681–1766) zurück. Heute zeigt hier ein kleines *Klostermuseum* (nur bei Führungen) sakrale Kunst sowie ansehnliche Wandteppiche aus dem ausgehenden Mittelalter.

Ebenfalls im Stadtteil Lichtental befindet sich in der Maximilianstraße das **Brahmshaus** 16 (www.brahms-badenbaden.de, Mo/Mi/Fr 15–17, So 10–13 Uhr). In dem für sich auf einer bewaldeten Anhöhe gelegenen Wohnhaus verbrachte Johannes Brahms (1833–1897) die Sommermonate der Jahre 1865–74 und komponierte hier u. a. seine Zweite Sinfonie. In den beiden als Museum eingerichteten Mansardenzimmern dokumentieren Fotos und Briefe die Baden-Badener Zeit des großen Komponisten.

Höhenluft am Stadtrand

Nördlich der Altstadt thront am Westhang des Battert in luftiger Höhe die **Burg Hohenbaden** 17. Die 1102 von Markgraf Hermann II. erbaute Residenz wird auch *Altes Schloss* genannt. Ein Brand im 16. Jh. ließ nur die Umfassungsmauern

Abgeschiedenheit und Ruhe findet man im Innenhof von Kloster Lichtenthal

Kostbare Altarbilder schmücken die Fürstenkapelle (1288) von Kloster Lichtenthal

und den Bergfried übrig, von dem aus sich bis auf den heutigen Tag ein reizvolles Panorama über die Rheinebene auf die Vogesen bietet. Von der Burgruine aus kann man auf Wanderwegen den **Battert** 18 (568 m) erkunden. Dieser bizarre, aus Quarzporphyr aufgebaute Felsrücken ist mit seinen bis zu 60 m hohen Steilwänden auch ein beliebtes Kletterrevier.

Der Hausberg Baden-Badens freilich ist der ein Stück weiter östlich gelegene **Merkur** 19 (668 m). Er wird seit 1913 durch die Standseilbahn der **Merkur-Bergbahn** (März–Dez. tgl. 10–22 Uhr) erschlossen, die von der ab Baden-Baden ausgeschilderten Tal- zur Bergstation in knapp 5 Min. einen Höhenunterschied von 370 m überwindet. Abgesehen von der Bahn führen lediglich Wanderpfade, keine Straßen, auf das Gipfelplateau, auf dem ein 23 m hoher Aussichtsturm (mit Lift!) eine wunderschöne Rundsicht über den Nordschwarzwald und auf die Vogesen ermöglicht.

Selbst die Terrassenbalustraden des Rastatter Schloss sind prächtig geschmückt – als Vorbild diente das französische Schloss Versailles vor den Toren von Paris

Ausflug

15 km nördlich von Baden-Baden liegt die alte Residenzstadt **Rastatt**, die mit zwei Barockschlössern aufwarten kann. Im Zentrum findet sich das nach dem französischen Vorbild von Versailles 1697–1705 erbaute **Rastatter Schloss** (April–Okt. Di–So 10–17, sonst 10–16 Uhr). Die weitläufige Dreiflügelanlage blieb im Wesentlichen unverändert erhalten. Hauptanziehungspunkt ist der *Ahnensaal* mit prunkvollen Stuckarbeiten und Deckengemälden. Nicht minder pompös gibt sich **Schloss Favorite** (Mitte März–Sept. Di–So 9–17, sonst 9–16 Uhr) im Vorort Kuppenheim. Markgräfin Sibylla Augusta, die Witwe des ›Türkenlouis‹ [s. S. 21], ließ das schmucke Lustschloss nach dem Tod ihres Gatten 1710–12 von dem Architekt Ludwig Rohrer als Sommerresidenz errichten. Hinter der originellen Fassade mit Kieselputz liegen kostbar ausgestattete Prunkräume wie das Spiegelkabinett, das Florentinerzimmer oder das Chinesische Zimmer.

i Praktische Hinweise

Information

Tourist Information, Trinkhalle (Kaiserallee 3) und Schwarzwaldstr. 52, Baden-Baden, Tel. 07221/275200, Fax 07221/ 275202, www.baden-baden.de

Hotels

TOP TIPP *****__Brenner's Park-Hotel & Spa__, Schillerstr. 4–6, Baden-Baden, Tel. 07221/900-0, Fax 07221/38772, www.brenners.com. Die 1872 eröffnete Nobelherberge ist bis heute eine der feinsten Adressen am Ufer der Oos. 100 Zimmer und Suiten verströmen französische Eleganz: leinenbezogene Sessel, Maria-Theresia-Lüster und chinesische Vasenlampen gehören ebenso zum Standard wie geräumige Bäder aus weißem Marmor. Von den Balkonen sieht der Gast auf eine prächtige Parklandschaft mit alten Blutbuchen, Zedern und Linden.

****__Der Kleine Prinz__, Lichtentaler Str. 36, Baden-Baden, Tel. 07221/34660-0, Fax 07221/34660-59, www.derkleineprinz.de. Originelles Romantik-Hotel mit detailverliebten Zimmern in zentraler, verkehrsberuhigter Lage. Die Juniorsuite ist mit einem Whirlpoolbad ausgestattet.

**__Gasthaus Auerhahn__, Geroldsauer Str. 160, Baden-Baden, Tel. 07221/7435, Fax 07221/7432, www.gasthaus-auerhahn.de. Familiär geführtes Landhotel im Ortsteil Geroldsau direkt an der Schwarzwaldhochstraße. Die 20 Zimmer sind im Bauernstil möbliert, einige haben ein romantisches Baldachinbett. Die Gaststube des Hauses serviert Bodenständiges wie Sauerbraten mit Spätzle.

Auch im zweiten Rastatter Prunkbau, dem Schloss Favorite, ist man an Versailles erinnert, etwa angesichts des verschwenderisch ausgestatteten Spiegelkabinetts

Erwartungsvolle Spannung liegt vor jedem Rennen in Iffezheim in der Luft

Außenseiter und Champions auf dem Turf

Baden-Baden hat dem Franzosen Edouard Bénazet viel zu verdanken. Nicht nur, dass er die Spielbank zu einem Treffpunkt der europäischen Noblesse machte. In Iffezheim, 12 km nordwestlich der Bäderstadt, initiierte er ein Rennsportereignis von Rang, das sich seit dem 5. September 1858, als die ersten rassigen Vollblüter ihren Einstand im Geläuf gaben, ungebrochener Popularität erfreut. Zweimal im Jahr, während des **Frühjahrsmeetings** (Mai/Juni) und bei der **Großen Woche** (Aug./Sept.) ziehen die TOP TIPP **Galopprennen** von Iffezheim mehr als 150 000 Zuschauer an. Die Buchmacher vermelden alljährlich aufs Neue astronomisch anmutende Wetteinsätze und auch die Rennpreise klettern auf immer neue Höchstmarken. Und dann ist da noch ein extravagantes Publikum, das am Rande des Geschehens die neuesten Hutmoden vorführt und sich am traditionellen Frühstücksbuffet neben der Rennbahn mit Lachshäppchen und Champagner verköstigt.

Veranstalter der Internationalen Galopprennen von Iffezheim ist seit 1872 der **Internationale Club e. V.**, Lichtentaler Allee 8, 76530 Baden-Baden, Tel. 07229/187310, Fax 07229/187344, www.baden-galopp.de.

Restaurants

Leo's, Luisenstr. 8–10, Baden-Baden, Tel. 07221/380 81. Citylokal im Bistrostil mit vornehmlich jungem Publikum. Mit mediterraner Küche, täglich wechselndem Tagesgericht und großer Weinkarte.

TOP TIPP **Medici**, Augustaplatz 8, Baden-Baden, Tel. 07221/20 06. Heimeliges Fin de Siècle-Ambiente mit Zigarrenkabinett und Internet-Lounge. Die weltoffene Küche offeriert Trendiges von Rucolasalat bis Sushi, ›Renner‹ sind das Thai-Hähnchen-Curry mit Cashewkernen und als Dessert die Crème brûlée. Warme Gerichte bis 24 Uhr, am Wochenende Barbetrieb bis 2 Uhr.

Zum alde Gott, Weinstraße 10, Neuweier (12 km südwestlich von Baden-Baden), Tel. 07223/5513. Feine badische Küche – Brennnesselsuppe, Ochsenbäckle, Saibling und Zander sind die kulinarischen Highlights. Besonderes Augenmerk wird auf marktfrische Produkte aus der Region gelegt, ein Michelin-Stern bürgt seit 1978 für hohen Standard. Außerdem genießt man von dem freundlichen Landgasthof einen schönen Blick auf die umliegenden Weinberge (Do/Fr mittag geschl.).

2 Schwarzwaldhochstraße

Deutschlands Panoramaroute par excellence.

Badener Höhe – Mummelsee – Ruhestein – Kniebis

Gut ausgebaut verläuft die B500 zwischen Baden-Baden und dem 65 km südöstlich gelegenen Freudenstadt über den Kamm des Nordschwarzwaldes. Die 1930 fertig gestellte Strecke trägt den Beinamen Schwarzwaldhochstraße und gilt nicht nur als älteste **touristische Route** Deutschlands, sondern auch als eine der landschaftlich reizvollsten. Schönheit hat allerdings ihren Preis: An sonnigen Wochenenden und in der Skisaison muss hier mit zäh fließendem Stop-and-go-Verkehr gerechnet werden, aus Gründen des Umweltschutzes gilt ein Tempolimit von 70 km/h.

Vom Baden-Badener Ortsteil Lichtental führt die Bundesstraße zunächst durch sanft gewelltes Rebland, um sich dann hinter Geroldsau zum **Plättig** (780 m) hinaufzuwinden. Kurz vor seiner Höhe liegt

Die Fahrt auf der Schwarzwaldhochstraße bietet zauberhafte Landschaftsimpressionen, auch wenn sich – wie hier bei Sasbachwalden – schon die Blätter färben

rechts unterhalb der Straße die *Marien-Frieden-Kapelle*, die 1958 auf Anregung des damaligen deutschen Bundeskanzlers Konrad Adenauer auf einem aussichtsreichen Felsen erbaut wurde.

In **Sand** kreuzt die aus dem Bühlertal herauf kommende L 83 die Schwarzwaldhochstraße. Von dem Ort aus kann man in einer knappen Stunde zur **Badener Höhe** (1002 m) hinauf wandern. Seit 1890 ragt dort der 30 m hohe *Friedrich-Wilhelm-Turm* auf, von dessen Aussichtsplattform man mit gutem Auge das Straßburger Münster erkennen kann, bei Fön sogar die Berner Alpen.

Weiter auf der Schwarzwaldhochstraße erreicht man am Fuß der Hornisgrinde den **Mummelsee** (1029 m). Das dunkle Wasser ist nach ›Mummeln‹ benannt, den Wassernixen, die der Sage nach einst in dem 17 m tiefen Karsee gelebt haben sollen. Angesichts des regen Ausflugverkehrs hat sich jedoch für den ehemals stillen Waldsee der Name ›Rummelsee‹ eingebürgert. Lohnend ist eine Wanderung auf die **Hornisgrinde**, den mit 1163 m höchsten Berg des Nordschwarzwalds. Der schon im 15. Jh. für Weideflächen gerodete Bergrücken ist heute ein Hochmoor. Um das sensible Ökosystem zu schützen, sollten Wanderer die für sie angelegten Bohlenwege nicht verlassen. Der sog. *Hornisgrindeturm* (Sa/So und bei schönem Wetter geöffnet, Info unter Tel. 078 42/94 83 20) auf dem Gipfel ermöglicht eine herrliche Rundumsicht über die Berge des Schwarzwalds bis hin zu den Alpen.

An der Passhöhe **Ruhestein** (915 m) bei Seebach informiert das *Naturschutzzentrum Ruhestein* (Mai– Sept. So–Fr 10–18, Okt.–April So–Fr 10–17 Uhr) über die geologische Entstehung des Schwarzwaldes sowie über seine Tier- und Pflanzenwelt. Im Frühjahr bieten die Parkranger vogelkundliche Exkursionen an, im Sommer geführte Wanderungen (Termine und Anmeldung Tel. 074 49/9 10 20). Ein

TOP TIPP

lohnendes Wanderziel am **Westweg** ist das **Euting-Grab**, das eine halbe Wegstunde nordöstlich von Ruhestein inmitten lichten Bannwalds liegt. Der reisefreudige Orientalist und langjährige Vorsitzende des Deutschen Wandervereins *Julius Euting* (1839–1913) wählte den exponierten Aussichtsplatz schon zu Lebzeiten als seine letzte Ruhestätte aus. Eine von Erlen umgebene Gedenktafel zeigt das Urnengrab an, von dem aus Besucher einen herrlichen Blick auf den 120 m tiefer gelegenen **Wildsee** (910 m) genießen, der wie ein samtdunkles Auge aus dem Nadelwald leuchtet.

Zurück auf der Schwarzwaldhochstraße erreicht man über den Abzweig Zuflucht von der B 28 die **Alexanderschanze**. Der beinahe vollständig überwachsene Erdwall ist Teil eines Verteidigungszuges, den 1734 *Herzog Alexander von Württemberg* zur Abwehr der Franzosen errichten ließ. Das nahe gelegene **Kniebis** ist ein beliebter Ausgangspunkt für jeweils etwa 1,5-stündige Wanderungen zum idyllisch in den Wald eingebetteten Ellbachsee und den ebenso schön gelegenen Senkenbach-Wasserfällen.

i Praktische Hinweise

Information

Kurverwaltung, Baiersbronner Str. 23, Kniebis, Tel. 074 42/75 70, Fax 074 42/506 32, www.kniebis.de

Hotels

TOP TIPP *******Schlosshotel Bühlerhöhe**, Schwarzwaldhochstr. 1, Bühl/Baden-Baden, Tel. 072 26/5 50, Fax 072 26/557 77, www.buehlerhoehe.de. Das Traditionshaus zählt nach umfangreicher Sanierung wieder zu den Nobelherbergen. Die 90 Zimmer und Suiten präsentieren sich zwischen wilhelminischem Pomp und Moderne – seidene Wandbespannungen und ausgewähltes Mobiliar aus Mahagoni und Eschenholz geben jedem Raum eine individuelle Note. Auch der 18 ha große Park mit altem Baumbestand sucht seinesgleichen. Für VIPs steht ein Helikopterlandeplatz zur Verfügung. Das Schlossrestaurant ist nicht nur wegen der exquisiten, mit einem Michelinstern geehrten Küche bekannt, sondern überzeugt auch durch die fulminante Aussicht in die Rheinebene.

****Hotel Schwarzwald Kniebis**, Rippoldsauer Str. 53, Kniebis, Tel. 074 42/18 00 90, Fax 074 42/70 70, www.hotel-schwarzwald-kniebis.de. Preisgünstiges Familienhotel mit 20 zweckmäßig eingerichteten Zimmern in aussichtsreicher Lage mitten in einem Naturschutzgebiet. In der Nichtraucher-Gaststube wird auch vegetarische Vollwertkost angeboten.

3 Sasbachwalden

Blumen- und Weindorf mit Prädikat.

Eine erste Auszeichnung erwarb das von Weinbergen umgebene Sasbachwalden im Jahr 1967, als der 2400-Seelen-Ort beim Bundeswettbewerb *Unser Dorf soll schöner werden* zum schönsten Dorf Deutschlands gekürt wurde. Und 2001 konnten die Gemeindevertreter bei der *Entente Floral* neuerlich eine Goldmedaille für das hübsche Ortsbild in Empfang nehmen.

Der **Luft-** und **Kneippkurort** in 280 m Höhe am Fuß der Hornisgrinde am sonnenverwöhnten Westhang des Schwarz-

Einsame Spitze – das luxuriöse Schlosshotel Bühlerhöhe ist stolz auf seine herausragende Lage inmitten dichter Wälder an der Schwarzwaldhochstraße

Wen würde es wundern, wenn aus dem märchenhaft anmutenden Fachwerkhaus in Sasbachwalden plötzlich Frau Holle ihr Federbett schütteln würde?

waldes präsentiert sich mit schmucken Fachwerkhäusern tatsächlich wie aus dem Bilderbuch. Auf Balkonen und in den hübschen Vorgärten blühen sommers Petunien und leuchtend gelbe Pantoffelblumen um die Wette. Besonders pittoresk zeigt sich die Region Mitte April, wenn die umliegenden Kirschbaumwiesen von einem zartweißen Blütenschleier überzogen sind. Und im Winter locken die nahen **Skigebiete** wie Hochkopf, Untersmatt oder Ochsenstall an den Hängen der Hornisgrinde mit gepflegten Abfahrten und Loipen.

Das völlig industriefreie Dorf lebt überwiegend vom Tourismus; etliche der Hotels und Pensionen mit insgesamt mehr als 2000 Gästebetten sind speziell auf **Familienferien** ausgerichtet. So informiert die Gemeinde etwa in der *Saschwaller Kinderstube*, einem Fachwerkhaus neben dem Kurhaus, während der baden-württembergischen Ferien über ihr abwechslungsreiches Programm mit Spiel und Unterhaltung. Außerdem bietet das *Freibad* südlich vom Kurhaus mit der 55 m langen Riesenrutsche und Kleinkinderbad jede Menge Spaß im Wasser.

Östlich des denkmalgeschützten Ortskerns erreicht man auf einer kurzen Wanderung eine Schlucht namens **Gaishölle**. Der Weg führt durch lichten Nadelwald an einem über etliche Kaskaden herabstürzenden Wildbach entlang, dessen enges Bett mit riesigen Findlingen bestückt ist. 5 km oberhalb von Sasbachwalden liegt an der L 86 in Richtung Hornisgrinde die Ruine der Burg Hohenrode (760 m), heute unter dem Namen **Brigittenschloss** bekannt. Von den Resten der mittelalterlichen Burg genießt man über das Rheintal hinweg eine herrliche Aussicht auf die Vogesen.

i Praktische Hinweise

Information

Kurverwaltung, Talstr. 51, Sasbachwalden, Tel. 078 41/10 35, Fax 078 41/236 82, www.sasbachwalden.de

Hotel

****Talmühle**, Talstr. 36, Sasbachwalden, Tel. 078 41/62 82 90, Fax 078 41/628 29 99, www.talmuehle.de. Das Haus wird seit mehreren Generationen von der Familie Fallert geführt, persönliche Betreuung ist garantiert. Mit ausgesprochen schönem Garten und erlesener Gastronomie – die Forellen kommen aus eigener Zucht.

Restaurant

Hohenrode, In den Erlen 2, Sasbachwalden, Tel. 078 41/20 90 30. Gemütliches Ausflugslokal am Ausgang der Gaishölle. Konditormeister Harald Benesch ist für seine voluminöse Kirschtorte über die Ortsgrenzen hinaus bekannt (Di geschl.).

4 Oberkirch

Auf den Spuren des Simplicissimus.

Oberkirch (19 500 Einw.) am Ausgang des Renchtales ist ein typisches **Weinstädtchen**, umgeben von bis in den Ort hinein reichenden Rebbergen. Dank des milden Klimas gedeihen rund um die Stadt auch Kirschen, Mirabellen und vor allem Erdbeeren. Überschüsse werden vielfach von Hausbrennereien zu hochprozentigen **Wässerle** verarbeitet, für die Oberkirch berühmt ist.

Schwarzwälder Wässerle aus Oberkirch – Direktverkauf in der Höllberg-Brennerei

Weithin sichtbares Wahrzeichen der Stadt ist die 2 km nordwestlich gelegene **Burgruine Schauenburg**, von der man einen weiten Ausblick ins Renchtal hat. Der Zähringer Bertold II. ließ die einstmals stolze Festung 1070–90 errichten, um den alten Handelsweg von Straßburg nach Württemberg zu kontrollieren. In den Jahren 1649–60 war hier der Dichter *Johann Jacob Christoffel von Grimmelshausen* (1621–1676) als Burgverwalter beschäftigt, der bei seiner Tätigkeit noch genügend Zeit fand, mit dem Schreiben seiner fünfbändigen barocken Sittengeschichte ›Simplicissimus‹ (1669) zu beginnen.

Den historischen Stadtkern von Oberkirch prägen stattliche **Fachwerkhäuser** aus dem 18. Jh. Besonders fotogen zeigt sich das Hotel Obere Linde in der Hauptstraße mit seinen beiden nebeneinander stehenden denkmalgeschützten vierstöckigen Fachwerkhäusern. Im alten Rathaus ist über der Stadtbibliothek das **Heimat- und Grimmelshausenmuseum** (Di/Do 15–19, So 10.30–12.30 und 14–17 Uhr) eingerichtet. Auf drei Stockwerken präsentiert das Museum Stadtgeschichte, traditionelles Handwerk und Brauchtum der Region sowie Erstausgaben des Barockdichters Johann Jacob Christoffel von Grimmelshausen.

Lautenbach

Der Rench flussaufwärts folgend erreicht man nach etwa 4 km den **Luftkurort** Lautenbach. Am Ortsausgang lohnt die Wallfahrtskirche **Mariä Krönung** (1471–88) einen Besuch, deren Innenausstattung zu den herausragenden Beispielen spätgotischer Sakralkunst im südwestdeutschen Raum gehört. An erster Stelle sei der aus einer spitzbogigen Arkadenreihe bestehende *Lettner* erwähnt, der mit seiner filigranen Balustrade den Chor in ganzer Breite vom Kirchenschiff trennt. Im Chorbereich erhebt sich ein spätgotischer *Flügelaltar*, dessen Mittelschrein die Skulpturengruppe einer anmutigen Mondsichelmadonna ziert, flankiert von Johannes dem Täufer und Johannes dem Evangelisten. Über dem Kopf Mariens schweben zwei Engel mit der Himmelskrone in den Händen. Beachtenswert sind ferner die in leuchtenden Farben ausgemalten *Stifterfenster* im Chor sowie die in die Südwand eingelassene *Gnadenkapelle* mit der Kopie eines 1973 entwendeten und seitdem nicht wieder aufgetauchten Gnadenbildes der Muttergottes.

Selbst in ihrem halb verfallenen Zustand künden die Mauern des einstigen Klosters Allerheiligen noch von Schönheit und Bedeutung des frühgotischen Baukomplexes

Allerheiligen

In Oppenau im oberen Renchtal zweigt ein Sträßchen zur Passhöhe Ruhestein an der Schwarzwaldhochstraße ab. Auf halbem Weg liegt im Talschluss des Lierbachs die **Klosterruine Allerheiligen**. Das ehemalige Prämonstratenserkloster wurde 1196 von Herzogin *Uta von Schauenburg* gestiftet. Die Stiftskirche brannte 1803 kurz nach ihrer Säkularisierung aus, erhalten blieben lediglich Teile des Chors und die Maßwerkfenster des nördlichen Querhauses, sehenswerte Zeugnisse frühgotischer Kirchenkunst in Baden. Unterhalb des Klosters stürzen die **Allerheiligen Wasserfälle**, auch Büttensteiner Wasserfälle genannt, über sieben Kaskaden zu Tal. Die insgesamt 83 m hohen Fälle wurden 1840 durch einen malerischen Treppenweg erschlossen und sind heute ein viel besuchtes Ausflugsziel.

i Praktische Hinweise

Information

Tourist Information, Am Marktplatz 2 a, Oberkirch, Tel. 078 02/70 66 85, Fax 078 02/70 68 75, www.oberkirch.de

Hotel

******Waldhotel Grüner Baum**, Oberkirch-Ödsbach (4 km südlich von Oberkirch), Tel. 078 02/80 90, Fax 078 02/809 88, www.waldhotel-gruener-baum.de. Modernes Haus mit gepflegten Apartments und Zimmern. Für Entspannung sorgen Hallenbad, Sauna und eine Bogenschießanlage. Eine Besonderheit ist der ›Schnapslehrpfad‹ hinter dem Haus; die Besichtigung einer Brennerei kann arrangiert werden.

Restaurant

Zum Silbernen Sternen, Simplicissimusstr. 8, Oberkirch-Gaisbach (1 km westlich von Oberkirch), Tel. 078 02/76 86. In dem Traditionslokal stand 1665–67 der Dichter Grimmelshausen als Wirt hinterm Tresen. Empfehlenswert sind die Fleischgerichte vom heißen Stein und der Flammkuchen vom Blech (Mi geschl.).

5 Freudenstadt

Höhenluftkurort mit dem wohl größten Marktplatz Deutschlands.

Die **Kreisstadt** Freudenstadt breitet sich auf einem von Wäldern eingerahmten Plateau in 728 m Höhe am Ostrand des nördlichen Schwarzwaldes aus. Das gesunde Reizklima zog bereits im 19. Jh. die ersten Kurgäste an, neckisch ›Luftschnapper‹ genannt. Noch heute machen gute Wander- und Wintersportmöglichkeiten in der Umgebung den 23 500 Einwohner zählenden **Kneippkurort** mit rund 4000 Gästebetten zu einem der wichtigsten Fremdenverkehrsorte des Schwarzwaldes.

Geschichte Freudenstadt ist eine Stadt vom Reißbrett. 1599 beauftragte Herzog Friedrich I. von Württemberg (1557–1608)

den Baumeister *Heinrich Schickhardt* (1558–1634) mit dem Entwurf einer neuen **Residenzstadt**. Nach dem Vorbild italienischer Renaissancestädte entstand eine Siedlung, um deren zentralen, fast quadratischen Marktplatz die Straßen wie die Linien auf einem Mühlespiel verlaufen. Mit dem Tod des Herzogs starb allerdings der Traum von dem geplanten Residenzschloss, das in der Mitte des riesigen Marktplatzes errichtet werden sollte. Freudenstadt entwickelte sich vielmehr zu einem **Handwerkerstädtchen**, in dem Tuche gewebt und Nägel geschmiedet wurden.

Ein wirtschaftlicher Aufschwung setzte 1879 mit der Eröffnung der **Gäubahn** ein, die von Freudenstadt über Eutingen im Gäu nach Stuttgart führte. Mit dem Schienenanschluss kamen die ersten Kurgäste, die sowohl die saubere Luft als auch das zauberhafte waldreiche Umland schätzten. Im Zweiten Weltkrieg zerstörten französische Truppen nahezu die gesamte Altstadt, sie wurde 1949–54 nach dem historischen Vorbild wieder aufgebaut. Seit 1997 ist Freudenstadt anerkannter heilklimatischer Kneippkurort, etliche **Sanatorien** sind auf Erkrankungen der Atemwege spezialisiert.

Besichtigung Die Arkadengänge der traufständigen Geschäftshäuser rund um den 219 x 216 m großen Marktplatz erlauben auch bei Regenwetter trockenen Fußes zu bummeln. Die von Nord nach Süd verlaufende Loßburgerstraße teilt den 4,7 ha umfassenden Platz in zwei Hälften. Auf dem etwas höher gelegenen östlichen Teil befinden sich *Neptun-* und *Rathausbrunnen* aus dem Rokoko sowie das arkadengeschmückte **Stadthaus**, unter dessen steilem Dach sowohl die *Stadtbibliothek* als auch ein kleines **Heimatmuseum** (Mo, Fr 15–18, Di, Mi 9–11, 15–18, Do 9–11, 15–19.30, So 10–12 Uhr) Platz gefunden haben. In der südlichen Ecke der begrünten unteren Hälfte steht der Winkelbau der evangelischen **Stadtkirche** (tgl. 10–17 Uhr) mit den beiden Haubentürmen aus dem Jahre 1601, die nach der Zerstörung im Zweiten Weltkrieg originalgetreu wieder aufgebaut wurden. Der Südflügel war ursprünglich den Männern vorbehalten, im Nordflügel versammelten sich die Frauen – beide Geschlechter hatten so einen guten Blick auf die Kanzel im Eck ohne sich dabei gegenseitig sehen zu können. Von der ursprünglichen Ausstattung ist nur wenig erhalten, darunter ein romanischer Taufstein (um 1100), den Reliefs mit Fabelwesen schmücken. Ein weiteres gutes Stück ist ein aus der Mitte des 12. Jh. stammendes Lesepult aus geschnitztem Weidenholz, das auf den Schultern der vier Evangelisten ruht.

Der alte Neptunbrunnen ist Blickfang des oberen Marktplatzes in Freudenstadt

Südlich vom Marktplatz liegt am Promenadenplatz das **Kurhaus**, in dem neben Theateraufführungen und Konzerten auch wechselnde Ausstellungen geboten werden. Im dahinter liegenden *Kurpark* zeigt ein **Glasbläser** seine Kunst (Tel. 074 41/86 31 75, Ostersonntag–Okt. Mo–Fr 10–18, Sa 10–15, So 11–16 Uhr). Der Hit unter den Freizeitaktivitäten ist freilich ein Besuch im **Panorama-Bad** (Mo–Sa 9–22, So 9–20 Uhr) am nördlichen Stadtrand. Neben einem großzügigen Hallenbecken mit separatem Sprungbereich steht im Sommer ein Außenbad mit Liegewiese offen. Spritziges Highlight für Kinder ist die 47 m lange Riesenwasserrutsche, die Eltern zieht es eher in die Dampfgrotte oder eine der drei Saunakabinen.

Die schönste Stadtansicht ergibt sich von dem 1899 südlich des Zentrums auf dem Kienberg (799 m) erbauten **Friedrichsturm** (Mai–Okt.). Am Aussichtsturm beginnen etliche Wanderwege, sehr reizvoll ist etwa der *Breuningerweg*, der via Kinzigursprung im wahrsten Sinne des Wortes über Berg und Tal ins rund 15 km entfernte Alpirsbach führt.

i Praktische Hinweise

Information

Gäste-Büro Kongress – Touristik – Kur, Marktplatz 64, Freudenstadt, Tel. 074 41/86 47 30, Fax 074 41/851 76, www.freudenstadt.de

Hotels

***Schauinsland**, Hartranfstr. 56, Freudenstadt, Tel. 074 41/24 88, Fax 074 41/24 78. Das kleine Gästehaus mit acht ruhigen Zimmern liegt inmitten eines schönen Naturparks.

Hotel Langenwaldsee, Straßburger Str. 99, Freudenstadt, Tel. 074 41/889 30, Fax 074 41/889 36, www.hotel-langenwaldsee.de. Charmantes Landhaus in ruhiger Waldlage am See mit umfangreichem Wellness-Angebot, Hallenbad und Restaurant. Auch Familienzimmer.

Restaurant

Warteck, Stuttgarter Str. 14, Freudenstadt, Tel. 0 74 41/9 19 20. Für viele Gourmets die beste Wahl in der Stadt: In der hellen Gaststube des gleichnamigen Hotels wird gehobene internationale Küche gereicht, etwa Hechtklößchen in Rieslingsauce oder Lammcarré mit grünen Bohnen. Die Weinkarte offeriert 400 edle Tropfen (Di geschl.).

Würdevoller Ernst zeichnet die vier Evangelisten am Lesepult der Stadtkirche aus

6 Baiersbronn

Ferienparadies und Gourmetmeile.

»Mehr Schwarzwald gibt's nirgends!« Der Erfolg scheint dem kecken Slogan von Baiersbronn (584 m) Recht zu geben, denn jährlich besuchen rund 1 Mio. Gäste die waldreichste und flächenmäßig größte Gemeinde Baden-Württembergs. Damit nimmt der weit auseinander gezogene, aus zwölf Ortsteilen bestehende **Luftkurort** (16 000 Einw.) an der oberen Murg eine Spitzenposition im Schwarzwälder Fremdenverkehr ein. Dazu trägt sicher die Gastronomie einen nicht unerheblichen Teil bei, die über die Landesgrenzen hinweg berühmt ist – nirgendwo sonst in Deutschland werken und wirken auf so engem Raum so viele kreative Sterneköche.

Dem Ruf Baiersbronns als Ferienziel ersten Ranges entspricht das große **Freizeitangebot** vor Ort. Im Sommer sind fünf pittoreske waldumgebene Seen wie Senkenbach See oder Märtesweiher so-

wie die umliegenden Gipfel des Nordschwarzwaldes, vom 813 m hohen Hirschkopf bis zur 981 m aufragenden Schlangenkirche, ein Dorado vor allem für Wanderer. Von den etwa 1100 km markierten **Wanderwegen** im Gemeindegebiet empfiehlt sich beispielsweise ab dem Ortsteil Huzenbach die zweieinhalbstündige Rundtour um den *Huzenbacher See*, besonders schön zur Zeit der Seerosenblüte im Sommer. Sehr aussichtsreich ist der Höhenweg (5 Std.) zum Naturschutzzentrum Ruhestein [s. S. 29]. Dazu folgt man vom Verkehrsbüro im Unterdorf aus dem Sommerseitenweg nach Mitteltal und steigt von dort über den Pfälzerkopf (1013 m) zum Kamm auf. Weitere interessant gestaltete *Kultur- und Erlebnispfade* vermitteln Schwarzwälder Wirtschaftsgeschichte. Die Themenpfade machen mit der Köhlerei, der Flößerei und dem Erzbergbau bekannt.

Für **Skifans** und **Snowboarder** stehen rings um Baiersbronn sieben Schlepplifte und die Sesselbahn auf den Stöckerkopf (790 m) zur Verfügung. Etliche der Abfahrten sind mit Flutlicht ausgestattet, auch auf der beliebten Buhlbachloipe in Obertal herrscht im Winter bis in die späten Abendstunden Betrieb. *Rodelbahnen*

Als wahre Idylle der Ländlichkeit präsentieren sich die Ortsteile von Baiersbronn

gibt es am Kniebis, bei Ruhestein und in Tonbach.

Auch für **Kinder** ist einiges geboten: Abenteuerspielplätze, ein Skatepark sowie fünf beheizte Freibäder sorgen für Betätigungsmöglichkeiten. Zudem stehen organisierte Bastelnachmittage und Kutschfahrten auf dem Programm.

Interessant für Jung und Alt ist das originelle, 1997 eröffnete **Hauffs Märchenmuseum** (Mi/Sa/So 14–17 Uhr) neben der Kirche im Oberdorf. Anschaulich werden die Hauptschauplätze aus dem Werk des schon in jungen Jahren verstorbenen schwäbischen Märchenerzählers *Wilhelm Hauff* (1802–1827) dargestellt, der orientalische Markt aus ›Der kleine Muck‹ etwa, oder ›Das Wirtshaus im Spessart‹. In der Videostation ist natürlich auch der Defa-Film über die im Schwarzwald spielende Fabel ›Das kalte Herz‹ vorhanden. Die Geschichte handelt von dem armen Köhler Peter Munk, der beim reichen Holländer-Michel sein Herz gegen ein Steinherz eintauscht, dabei zwar fürstlich entlohnt wird, doch alle menschlichen Gefühle verliert.

Ausflug

Kulturgeschichtlich ist die romanische Dorfkirche in **Heselbach**, 5 km nördlich von Baiersbronn, interessant. Das kleine Gotteshaus wurde um 1200 von Benediktinermönchen als Waldkapelle der nahen Abtei von Klosterreichenbach erbaut. Im Tympanon des südlichen Rundbogenportals ist die Abbildung eines segnenden Jesus beachtenswert.

Praktische Hinweise

Information

Baiersbronn Touristik, Rosenplatz 3, Baiersbronn, Tel. 074 42/841 40, Fax 074 42/84 14 48, www.baiersbronn.de

Hotels

Goldener Hahn, Oberdorfstr. 72, Baiersbronn, Tel. 074 42/840 60, Fax 074 42/84 06 66, www.goldener-hahn.de. Kinderfreundliches Haus mit geräumigen Apartments, Hallenbad und kleiner Wellness-Abteilung.

Pfeifle's Höhenhotel Huzenbach, Roter Rain 47, Baiersbronn-Huzenbach (12 km nördlich von Baiersbronn), Tel. 074 47/93 50, Fax 074 47/475. Gepflegtes Kurhotel mit medizinischen Anwendungen im Haus, Wassertretstelle im Garten.

Restaurants

Bareiss, Gartenbühlweg 14, Baiersbronn-Mitteltal (5 km westlich von Baiersbronn), Tel. 074 42/4 70. Exzellente michelinsterngekrönte Kochkunst von Claus-Peter Lumpp in edlem nostalgischem Ambiente (Mo/Di geschl.).

Schlossberg, Murgtalstr. 602 (Hotel Sackmann), Baiersbronn-Schwarzenberg (10 km nördlich von Baiersbronn), Tel. 074 47/28 90. Rotbarbe in Kartoffelkruste, Mangoravioli mit Fruchtcreme – Gourmets schätzen die oft ausgefallenen Kreationen des ebenfalls vielfach ausgezeichneten Küchenchefs Jörg Sackmann.

TOP TIPP **Schwarzwaldstube**, Tonbachstr. 237 (Hotel Traube), Baiersbronn-Tonbach (4 km nördlich von Baiersbronn), Tel. 074 42/49 26 65. Der Gourmettempel mit drei Michelinsternen bietet kulinarischen Genuss auf höchstem Niveau. Klassische Haute Cuisine ist das Metier von Meisterkoch Harald Wohlfahrt, Spezialitäten sind etwa Tartar von Taschenkrebsen oder gelackte Wildente mit Holundersauce (Mo/Di geschl.).

In der Schwarzwaldstube bietet Harald Wohlfahrt Gastlichkeit auf höchstem Niveau

Mal sanft plätschernd, mal mit reißender Strömung windet sich die Murg durch das nach ihr benannte malerische Schwarzwald-Tal, vorbei an malerischen Orten wie Gernsbach

7 Murgtal

Die romantische Schwarzwald-Tälerstraße führt durch das zauberhafte Tal der Murg.

Forbach – Schwarzenbach-Talsperre – Gernsbach

Mit 96 km ist die **Murg** der längste Fluss des Schwarzwaldes. Ihre beiden Quellflüsse entspringen am Hauptkamm nahe des Schliffkopfes und vereinen sich kurz vor Baiersbronn. Im weiteren Verlauf schuf sich der Fluss ein abwechslungsreiches Tal, noch eng und schluchtartig zwischen Schönmünzach und Forbach, später breiter, von Auen gesäumt und mit Heuhütten an den Hängen der Seitentäler. Bei Gernsbach verlässt die Murg den Schwarzwald und mündet nordwestlich von Rastatt in den Rhein.

Die ersten Siedler ließen sich im 11. Jh. in dem waldreichen Tal nieder. Der Holzreichtum bildete denn auch die Lebensgrundlage der Talbewohner, die in den Wäldern Bauholz schlugen, das sie auf Murg und Rhein bis nach Holland flößten. Die Zunft der Murgschifferschaft garantierte der Talschaft zeit ihres Bestehens von 1488–1876 fast 400 Jahre lang ein gutes Auskommen.

Zu besonderen Feiertagen schmücken farbenprächtige Fahnen das Gernsbacher Alte Rathaus

Etwa in der Mitte des Tales liegt der Luftkurort **Forbach** (6000 Einw.). Der Ortsname weist auf den einstigen Fischreichtum der Murg hin. Den ›Forellenbach‹ überspannt hier eine mit Schindeln gedeckte freitragende *Holzbrücke*, die 1954 nach dem Original von 1778 fachmännisch erneuert wurde. Von Forbach führen *Wanderwege* zu den Latschigfelsen und der von Bergbächen gespeisten **Schwarzenbach-Talsperre**. Der 1922–26 angelegte, 2,5 km lange Stausee ist auch über eine bei Raumünzach abzweigende Straße erreichbar. Im Sommer tummeln sich an den Ufern zahlreiche Badegäste, der künstliche See ist zudem als gutes Surfrevier bekannt.

Murgabwärts ragt kurz vor Gernsbach am linken Flussufer das **Schloss Eberstein** auf einem grünen Hügel hoch über dem Tal auf. Die 1235–72 von den Grafen von Eberstein erbaute Festung ging im 17. Jh. an die Markgrafen von Baden über und wurde bis 1999 von deren Nachfahren bewohnt. Nach Restaurierung und

Verkauf befinden sich heute ein Restaurant und eine Schänke in dem historischen Gemäuer.

Bei dem Luftkurort **Gernsbach** (15 000 Einw.) weitet sich das vorher noch so steile, enge Tal der Murg. In der für den Durchgangsverkehr gesperrten malerischen Altstadt künden rund um den Marktplatz stattliche Bürgerhäuser vom Wohlstand der Kleinstadt, die schon früh von der Murgschifferei profitierte. Das prächtigste Gebäude ist das **Alte Rathaus** von 1618. Der dreigeschossige rote Sandsteinbau mit kupfergedeckten Erkern und an den Giebelseiten aufragenden kleinen Obelisken wurde im Auftrag des Murgschiffers Jakob Kast erbaut. Bereits kurz nach der Vollendung vermachte Kast den repräsentativen Spätrenaissancebau der Stadt, die ihn bis 1936 als Rathaus nutzte. Vom Marktplatz ziehen sich hübsche Fachwerkhäuser hangaufwärts bis zur **Liebfrauenkirche**, die 1378 am höchsten Punkt der Stadt errichtet wurde. Von dem 1833 neugotisch umgebauten mächtigen Wehrturm am Kirchplatz bietet sich eine feine Aussicht auf das unterhalb liegende ›Städtle‹.

Mit dem reichen Sagenschatz der Region macht der **Gernsbacher Sagenweg** bekannt. Der 16 km lange Rundwanderweg beginnt unweit des Ortskerns direkt an der B 462 an der Klingelkapelle und ist mit einem Teufelchen markiert.

i Praktische Hinweise

Information

Verkehrsamt, Igelbachstr. 11, Gernsbach, Tel. 072 24/644 44, Fax 072 24/644 64, www.gernsbach.de

Restaurant

Sternen, Staufenberger Str. 111, Gernsbach-Staufenberg, Tel. 072 24/33 08.
In vier Gaststuben wird gutbürgerliche badische Küche aufgetischt, empfehlenswert sind vor allem die Wild- und Fischgerichte (Do und Nov. geschl.).

reutter
reutter
reutter

Zwischen Nagold und Enz – schmucke Landstädtchen an lieblichen Flussauen

Der Nordosten des Schwarzwaldes wird von etlichen **Flüssen** entwässert, von der Nagold, der Großen und Kleinen Enz, der Alb und zahllosen Seitenarmen. An ihren Ufern reihen sich prosperierende Industriestädtchen und schmucke Kurorte aneinander. Fast schon eine Großstadt ist **Pforzheim** am Zusammenfluss von Nagold und Enz, das wegen seiner Uhren- und Schmuckindustrie auch ›Goldstadt‹ genannt wird. Entsprechend kostbar sind die Pretiosen im Besitz des Pforzheimer *Schmuckmuseums*. Bescheidener, doch mit seinen zahlreichen Fachwerkhäusern ungleich anheimelnder, gibt sich **Calw**, die Geburtsstadt des Dichters Hermann Hesse. Von den Heilbädern sei an erster Stelle **Bad Wildbad** genannt. Es wurde bereits im 19. Jh. zum Staatsbad ausgebaut und noch heute zieht das prachtvolle klassizistische *Palais Thermal* Gäste aus der ganzen Region an.

Zu den Highlights süddeutscher Sakralarchitektur gehört das mittelalterliche **Zisterzienserkloster Maulbronn** im Salzachtal. Das Weltkulturerbe der UNESCO beeindruckt durch seine bauliche Geschlossenheit, die noch stark von der Romanik geprägt ist. Einen Besuch wert ist auch die Kirche **St. Maria Magdalena** in Tiefenbronn nordöstlich von Bad Liebenzell, deren dreiflügeliges Altarbild von Lukas Moser ein Meisterwerk der spätgotischen Tafelmalerei darstellt.

8 Pforzheim

›Goldstadt‹ mit bewegter Historie.

Seit sich Mitte des 18. Jh. französische Unternehmer in Pforzheim niederließen, gilt die kreisfreie Stadt am Zusammenfluss von Nagold und Enz als das Zentrum der deutschen **Schmuck-** und **Uhrenindustrie**. In der von pragmatisch-moderner Architektur geprägten **Stadt** laden etliche Goldschmiedeateliers und Boutiquen zu einem Einkaufsbummel ein. Den Beinamen **Drei-Flüsse-Stadt** verdankt Pforzheim der Würm, die noch im Stadtgebiet in die Nagold mündet. Passionierten **Wanderern** ist der Kupferhammer südlich des Zentrums ein Begriff: An dem um 1663 erbauten Hammerwerk beginnen die Fernwanderwege nach Basel (Westweg), Waldshut (Mittelweg) und Schaffhausen (Ostweg).

Geschichte Das ›Tor zum Nordschwarzwald‹ entwickelte sich aus der im 1. Jh. n. Chr. von den Römern angelegten Siedlung **Portus**. Flößer, Gerber und Tuchmacher verhalfen der Stadt im Mittelalter zu wirtschaftlicher Blüte, bis bayrische Truppen sie im Dreißigjährigen Krieg (1618–48) niederbrannten. Nur wenig später wurde der Ort während des Pfälzischen Erbfolgekrieges (1688–97) gleich dreimal von den Franzosen geplündert. Ein neuerlicher Aufschwung begann 1767, als unter Markgraf Karl Friedrich der französische Einwanderer Jean François Autran eine Uhrenfabrik gründete, in der bald auch Schmuck hergestellt wurde. Im 19. Jh. avancierte die Stadt zu einem bedeutenden Zentrum der Schmuck-, Textil- und Metallindustrie.

Seine schwärzeste Stunde erlebte Pforzheim Ende des Zweiten Weltkriegs, als am 23. Februar 1945 bei einem **Luftangriff** der Alliierten 80 % des Stadtgebie-

Oben: *Am historischen Marktplatz zeigt sich Calw von seiner schönsten Seite*
Unten: *Formvollendete Maßwerkfenster im Kreuzgang der Klosterruine Hirsau*

tes zerstört wurde – 17 000 Menschen fanden in dem 22-minütigen Drama den Tod. Doch wie Phoenix aus der Asche erholte sich Pforzheim von dem Schlag und ist heute mit fast 120 000 Einwohnern wieder ›Goldstadt‹ und wirtschaftliches Zentrum der Region.

Besichtigung Vom mittelalterlichen Kern Pforzheims ist nicht viel geblieben. Die im Krieg zerstörte **Schloss- und Stiftskirche St. Michael** (März–Okt. Mi–Fr 15–17, So 11–12 Uhr) auf dem Schlossberg in der Stadtmitte zwischen Hauptbahnhof und Rathaus wurde in den 1950er-Jahren nach alten Vorlagen komplett neu aufgebaut. Nur wenig überragt der viereckige Glockenturm den lang gestreckten Kirchenbau aus hellem Sandstein. Original erhalten blieben im Chor die prachtvollen Renaissancegräber des Markgrafen Ernst von Baden-Durlach († 1553) und das Epitaph für Prinz Albrecht († 1574). Östlich des Schlossberges ist der **Leitgastturm** das einzige Relikt der alten Stadtbefestigung. Der quadratische Uhrturm wurde nach dem Zweiten Weltkrieg zu einem Wohnturm umgebaut.

Die Pforzheimer Museen stehen ganz im Zeichen des wichtigsten Erwerbszweiges der Stadt, der Schmuckindustrie. Das **Schmuckmuseum** (Jahnstr. 42, Tel. 072 31/39 21 26, www.schmuckmuseum-pforzheim.de, Di–So 10–17 Uhr) befindet sich in einem nach dem Humanisten *Johannes Reuchlin* (1455–1522) benannte Ausstellungsgebäude im Stadtgarten. Schmuckstücke aus fünf Jahrtausenden, von keltischen Fibeln über antiken Ohrschmuck bis hin zu zeitgenössischen Produktionen werden dem Publikum in von der Decke hängenden Vitrinen präsentiert. Prunkstück der umfangreichen Ringsammlung ist ein Fingerring des ägyptischen Pharaos Amenhotep III. (1402–1364 v. Chr.). Weitere Schwerpunkte der Sammlung bilden Renaissanceschmuck und filigran gearbeitete Pretiosen aus der Zeit des Jugendstils. Gegenüber vom Schmuckmuseum zeigt die **Edelsteinausstellung Schütt** (Mo–Mi 9–17, Do/Fr 9–18, Sa 9–13 Uhr) eine Sammlung funkelnder Edel- und Halbedelsteine. Die rohen und geschliffenen Diamanten, die Rubine, Saphire und Smaragde sowie daraus hergestellter Schmuck können auch käuflich erworben werden. Wie Schmuck gearbeitet wurde und wird, demonstriert anschaulich das **Technische Museum der Pforzheimer Schmuck- und Uhrenindustrie** (Bleichstr. 81, Mi 9–12, 15–18, jeden 2. und 4. So im Monat 10–17 Uhr) im Süden der Stadt. In der historischen Goldschmiedefabrik werden auch einwöchige Hobbykurse angeboten, die einen praktischen Einstieg in die hohe Kunst der Gold- und Silberschmiede geben.

Heimarbeit – das Technische Museum zeigt u. a. die Werkstatt eines Bleistiftherstellers

Dieser hellenistische Schlangen-Oberarmreif (3. Jh. v. Chr.) ist im Pforzheimer Schmuckmuseum zu sehen

Maulbronn

Nordöstlich von Pforzheim erreicht man über Mühlacker das am äußersten Rand des Schwarzwalds – im Kraichgau – gelegene Maulbronn (6000 Einw.). Das Landstädtchen verdankt seine Entstehung dem 1147 gegründeten **Zisterzienserkloster Maulbronn** (März–Okt. tgl. 9–17.30, Nov.–Febr. Di–So 9.30–17 Uhr, Führungen jew. 11.15 und 15 Uhr, www.maulbronn.de). Rund 400 Jahre wirkten die Mönche im Salzachtal bevor die Abtei während der Reformation 1537 aufgelöst wurde. 1556 richtete der württembergische Herzog Christoph in den Gebäuden eine evangelische **Klosterschule** ein, in der so berühmte Persönlichkeiten wie der Astronom Johannes Kepler oder die Dichter Friedrich Hölderlin und Hermann Hesse die Schulbank drückten. Seit 1807 firmiert sie als *Evangelisch-theologisches Seminar*.

Die hervorragend erhaltene Abtei wurde 1993 von der UNESCO zum **Weltkulturerbe** erklärt. Angesichts der seit ihrem Entstehen nahezu unveränderten romanisch-gotischen Architektur gestaltet sich ein Rundgang durch den von einer 850 m langen Wehrmauer und vier Befestigungstürmen eingefassten ehemaligen Klosterbezirk wie eine Zeitreise ins Mittelalter. Mittelpunkt und architektonisches Highlight ist der *Kreuzgang* mit

›Kreuzigung Christi‹, dramatische Szene am mittelalterlichen Schnitzaltar der Klosterkirche Maulbronn

seinen hochgotischen Maßwerkfenstern und kunstvoll gearbeiteten Blattwerk-Kapitellen. An der Nordseite tritt ein um 1350 entstandenes hochgotisches Brunnenhaus hervor, das den Mönchen als Bad und Frisierstube diente. Die dahinter liegenden Räumlichkeiten umfassen Schlafsaal der Mönche, Kapitelsaal und die hohe Halle des Refektoriums. Im Süden des Kreuzgangs ist die 1178 geweihte *Klosterkirche* angebaut, die noch ganz die

Um das Kloster entstanden in Maulbronn ansehnliche Wohn- und Wirtschaftsgebäude

schlichte Strenge der Romanik atmet. Original ist die steinerne Chorschranke, die den Mönchschor vom Bereich der Laienbrüder trennt, die ursprüngliche Balkendecke wurde freilich im 15. Jh. durch das heutige Netzgewölbe ersetzt. Zu den kostbarsten Ausstattungsstücken gehören eine 1394 geschnitzte kleine *Madonnenstatue* in einer Nische im Langhaus und das 1473 gefertigte *Maulbronner Steinkruzifix* neben dem Altar. Westlich des Kreuzgangs, noch innerhalb der schützenden Mauern, befinden sich rund 30 Wirtschaftsgebäude, viele davon schön in Fachwerk aufgeführt. In der früheren Küferei und im Frühmesserhaus können sich Besucher über die Klostergeschichte, das Zisterziensertum und die von den Mönchen geprägte Kulturlandschaft informieren. Der frühgotische Keller enthält ein Lapidarium, eine Steinsammlung mit originalen Steinmetzarbeiten aus dem Kloster, und Erläuterungen zum mittelalterlichen Baubetrieb.

i Praktische Hinweise

Information

Tourist-Information, Marktplatz 1, Pforzheim, Tel. 07231/1454560, Fax 07231/1454570, www.pforzheim.de. – **Informationszentrum Maulbronn**, ehem. Zisterzienserkloster Maulbronn, Tel. 07043/926610, Fax 07043/926611

Hotel

****Zum Herrmann-See**, Herrmannseeweg 5, Pforzheim-Büchenbronn (5 km südlich von Pforzheim), Tel. 07231/71871, Fax 07231/73658, www.hotel-herrmannsee.de. Ruhig gelegenes Haus mit 15 netten Zimmern. Im angeschlossenen Ausflugslokal stehen auch fleischlose Gerichte auf der Karte.

Restaurant

Silberburg, Dietlinger Str. 27, Pforzheim, Tel. 07231/441159. Sehr gute französisch inspirierte Küche. Spezialitäten sind Edelfische, Lammgerichte und Gänseleber (Mo geschl.).

Der Kreuzgang des Klosters Maulbronn ist ein filigranes Meisterwerk der Hochgotik

9 Bad Liebenzell

Kuren unter einer mittelalterlichen Burg.

Der **Luftkurort** Bad Liebenzell (9200 Einw., 333 m) an der Schwarzwald-Bäderstraße zwischen Pforzheim und Calw schmiegt sich reizvoll in das Tal der Nagold. Im Ortsgebiet drängen sieben warme Quellen aus dem Urgestein des Mittelgebirges an die Oberfläche. Seit 1926 ist Liebenzell als heilklimatisches **Thermalbad** anerkannt, doch den Weg ebnete bereits Naturarzt Paracelsus (1493–1541), der dem ›Zeller Wasser‹ schon im ausgehenden Mittelalter Heilqualität bescheinigte. Tatsächlich hat sich das Thermalwasser bei der Behandlung von Rheuma, Gefäßerkrankungen und Frauenleiden bewährt.

Bad Liebenzells nette Fußgängerzone lädt zum Bummeln und Flanieren ein. Im gepflegten **Kurpark** am linken Ufer der Nagold sprießen im *Apothekergarten* mehr als hundert heimische Arzneipflanzen und Heilkräuter. In der *Konzertmuschel* neben dem Kurhaus finden im Sommer regelmäßig Kurkonzerte und Theateraufführungen statt, in der *Trinkhalle* kann man das kohlensäurereiche Heilwasser probieren. Das Badegeschehen konzentriert sich in der 1968 eröffneten **Paracelsus-Therme** (April–Okt. Mo–Sa 8–21, So 8–20, sonst ab 8.30 Uhr) am rechten Ufer der Nagold. Die Wellness-Oase verfügt neben zwei Bewegungsbecken und einer romantischen Felsendampfgrotte über eine große Saunalandschaft mit Schwimmbad und Sprudelliegen.

Westlich vom Ort thront hoch über dem Nagoldtal die viel besuchte **Burg Liebenzell** (März–Okt. Di–So 10–18 Uhr). Von dem romanischen Bau aus dem

Pittoresk schmiegt sich Bad Liebenzell an die bewaldeten Ufer der Nagold

12. Jh. blieben die mächtige Schildmauer und der 34 m hohe Bergfried erhalten, von dem aus man weit in das Nagoldtal sieht. Teile der Anlage wurden 1954 von Jugendlichen aus aller Welt zu einer internationalen Tagungsstätte und Jugendherberge ausgebaut.

Tiefenbronn

12 km nordöstlich von Bad Liebenzell erreicht man am Ostrand des Schwarzwaldes das im Würmtal gelegene Tiefenbronn. Hier beherbergt die gotische Pfarrkirche **St. Maria Magdalena** (Ostern–Okt. Di–So 13.30–16.30, sonst Sa/So 14–15.30 Uhr) mit dem *Magdalenenaltar* eines der eindrucksvollsten Beispiele spätgotischer Tafelmalerei Süddeutschlands. Das dreiteilige Altarbild (1432) an der Chorwand im südlichen Seitenschiff stammt aus der Werkstatt von *Lukas Moser* und ist die einzig bekannte Arbeit des Künstlers. Fünf Bildergeschichten im Stil der flämischen Malerei erzählen aus dem Leben der hl. Maria Magdalena: Die linke Tafel etwa hat die Irrfahrt auf dem Meer zum Thema, das mittlere Feld zeigt die Ausgesetzten vor den verschlossenen Toren der Hafenstadt Massilia und auf der rechten Tafel empfängt die Heilige die letzte Kommunion. In der Bogenlünette über dem Retabel sind das Letzte Abendmahl und die schöne Sünderin dargestellt.

TOP TIPP

i Praktische Hinweise

Information

Tourist-Information, Kurhausdamm 2–4, Bad Liebenzell, Tel. 070 52/40 80, Fax 070 52/40 81 08, www.bad-liebenzell.de

Hotel

***__Waldhotel Post__**, Hölderlinstr. 1, Bad Liebenzell, Tel. 070 52/932 00, Fax 070 52/93 20 99, www.waldhotelpost.de. Das reizvolle Haus mit 53 Zimmern, Hallenbad und Sauna liegt ruhig am Waldrand.

10 Calw

»Die schönste Stadt von allen aber, die ich kenne, ist Calw an der Nagold, ein kleines, altes schwäbisches Schwarzwaldstädtchen.«

Hermann Hesse (1877–1962)

Die Liebeserklärung des Dichters an seine Geburtsstadt Calw mag vielleicht von verklärten Kindheitserinnerungen geprägt sein. Doch dem Zauber der Fachwerkhäuser und winkligen Gassen wird sich kein Besucher entziehen können, wenn auch das auf 23 000 Einwohner angewachsene **Industriestädtchen** am Ostrand des Schwarzwaldes seit Hesses Kindertagen längst aus dem engen Nagoldtal herausgewachsen ist und sich auf die umliegenden Hügel ausgebreitet hat.

Geschichte Der Ursprung der Stadt geht auf eine von den Grafen von Calw um 1000 auf dem Schlossberg errichtete **Burg** zurück. Im Schutz der Festung entstand an der linken Talflanke ein Weiler, der Mitte des 13. Jh. das Stadtrecht erlangte und nach dem Aussterben des Grafengeschlechts 1345 an Württemberg kam. Durch seine tüchtigen Tuchmacher, Flößer und Kaufleute brachte es die Stadt zu beachtlichem Wohlstand. Die drei Zünfte machten Calw in der ersten Hälfte des 18. Jh. zum bedeutendsten Wirtschaftsstandort Württembergs. Heute ist die Große Kreisstadt ein Zentrum Textil, Holz und Leder verarbeitender Betriebe.

Besichtigung Rund um den **Marktplatz** und in der umliegenden Altstadt entfaltet sich die ganze Pracht des schwäbischen Landstädtchens. Eines der gefälligsten Gebäude ist das 1694 erbaute **Haus Schnaufer** (Lederstr. 39), dessen Giebel für einen Fachwerkbau untypisch von einem Erker und Rundbogenfenstern geschmückt wird. Ebenfalls in hübschem Fachwerk zeigt sich am Marktplatz 6 das **Geburtshaus von Hermann Hesse**, an dem eine Gedenktafel an den berühmten Sohn der Stadt erinnert. Das gegenüber liegende barocke **Rathaus** von 1726 weist über seinen Arkaden einen schönen Staffelgiebel auf. Unter den Laubengängen hatten einst die Bäcker und Metzger ihre Geschäfte. Am anderen Ende des lang gestreckten Marktplatzes beherbergt das 1813 im klassizistischen Stil erbaute *Haus Schütz* seit 1990 das **Hermann-Hesse-Museum** (April–Okt. Di–So 11–17, Nov.–März Di–So 14–17 Uhr). In zehn Räumen zeigt die Stadt die Lebensstationen des Literaten auf. Neben Manuskripten und Erstausgaben sind auch etliche Zeichnungen und Aquarelle des Literaturnobelpreisträgers von 1946 ausgestellt.

Nikolausbrücke und -kapelle blieben seit Hermann Hesses Zeiten unverändert

Im Südosten der Altstadt erreicht man über den tiefer liegenden Hermann-Hesse-Platz die **Nikolauskapelle**. Der spätgotische Bau von 1400 ist mit seinem quadratischen Grundriss eine der wenigen *Brückenkirchen* Deutschlands und steht auf dem mittleren Pfeiler der steinernen Nikolausbrücke über der Nagold. Die Kapelle wurde 1926 erneuert und trägt seither auf dem Satteldach einen von einem Spitzhelm gekrönten zierlichen Dachreiter. Der winzige Platz auf der Westseite des Gotteshäuschens war für Hermann Hesse der »liebste Platz im Städtchen«. Hier vertrieb er sich nachmittags die freie Zeit, indem er die Angelschnur in die Nagold auswarf.

In der Bischofstraße am Ostufer der Nagold ist im *Palais Vischer* das **Museum der Stadt Calw** (April–Okt. Sa/So 14–17 Uhr) untergebracht. Das Rokokopalais wurde 1791 von dem wohlhabenden Holzhändler Johann Martin Vischer errichtet und gibt einen Einblick in die bürgerliche Wohnkultur des 19. Jh. Gezeigt werden zudem Funde aus der Vor- und Frühgeschichte der Region, Zinngeschirr sowie volkstümliche Trachten.

Kloster Hirsau

Folgt man der Nagold flussabwärts erreicht man 3 km nördlich von Calw den 1975 eingemeindeten Ortsteil und **Luftkurort Hirsau**. Er ist bekannt für sein

1082–91 entstandenes früheres Kloster, das im Mittelalter eine der einflussreichsten Benediktinerabteien Deutschlands war. Damals verfügte es über umfangreiche Ländereien und herrschte über mehr als 30 Dörfer. Zwar wurde das Kloster 1535 im Rahmen der Reformation aufgelöst, doch das endgültige Aus kam erst 1692, als französische Truppen im Pfälzischen Erbfolgekrieg das Kloster brandschatzten, das seitdem nicht wieder aufgebaut wurde. Doch auch als Ruine lässt die Anlage am linken Flussufer noch vieles von ihrer einstigen Größe erahnen. Im Zentrum der noch intakten Umfassungsmauern steht die 1092 geweihte Klosterkirche **Peter und Paul**, eine 97 m lange und 23 m breite dreischiffige romanische Basilika. Von den ursprünglich zwei Türmen an ihrer Westseite blieb der 1120 errichtete 36 m hohe Eulenturm erhalten. Südlich der Kirche schließt sich der 1503 im spätgotischen Stil erneuerte **Kreuzgang** an, der trotz Zerstörungen durch die schlichte Ästhetik seiner erhaltenen Maßwerkfenster beeindruckt. Über den im Nordosten angrenzenden Kapitelsaal gelangt man in die ebenfalls aus der gotischen Bauphase stammende gut erhaltene **Marienkapelle** (1508–16), über der sich im ersten Stock die Bibliothek befand.

Oben: *Gardemaß – propere Fachwerkhäuser säumen den Marktplatz von Calw*

Unten: *Noch immer erhebt sich stolz die Klosterkirche der zerstörten Abtei Hirsau*

Oben: *Standhaft trotzt der erhaltene Bergfried der Burgruine Zavelstein der Zeit und dient noch heute als Aussichtsturm*

Unten: *Lobpreis der Engel und Heiligen am Altar der Bad Teinacher Dreifaltigkeitskirche*

Nach der Säkularisierung ließ *Herzog Ludwig von Württemberg* im Süden des Klosterbezirks ein dreiflügeliges Renaissance-Jagdschloss errichten, von dem nur der Rundturm und Teile der Umfassungsmauer die Wirren der Geschichte überstanden.

Am rechten Ufer der Nagold erzählt das im ehem. herzoglichen Amtshaus untergebrachte *Klostermuseum* (April–Okt. Di–So 14–17 Uhr) von der tausendjährigen Geschichte der Abtei.

Bad Teinach-Zavelstein

In einem Seitental der Nagold, etwa 4 km südwestlich von Calw, lohnt der Weiler **Zavelstein** einen Besuch. 170 m über dem Flüsschen Teinach ließen die Calwer Grafen Anfang des 13. Jh. auf waldbestandener Höhe eine *Festung* erbauen. Von dem erhaltenen 28 m hohen Bergfried bietet sich ein schöner Rundblick, der im Osten bis zur Schwäbischen Alb reicht. An die Wehranlage schmiegt sich die Häuserzeile von Zavelstein, die aus gerade mal einem guten Dutzend Fachwerkhäuser besteht.

Den Mittelpunkt des Teinachtals bildet das Heilbad **Bad Teinach**. Für kulturgeschichtlich interessierte Gäste hält die 1673 erbaute **Dreifaltigkeitskirche** (Führungen April–Okt. Do 15 Uhr) eine kleine Sensation bereit. An der Chorsüdseite steht die im Jahr 1672 von *Prinzessin Antonia von Württemberg* (1613–1679) gestiftete so genannte **Kaballistische Lehrtafel**. Der Flügelaltar stammt aus der Werkstatt des württembergischen Hofmalers *Johann Gruber* und verknüpft Ideen der christlichen Weltanschauung mit Elementen der jüdischen Kabbala.

i Praktische Hinweise

Information

Stadtinformation, Marktbrücke 1, Calw, Tel. 070 51/96 88 10, Fax 070 51/96 88 77, www.calw.de

Hotel

****Berlin's Hotel Krone & Lamm**, Marktplatz 2 und 3, Zavelstein, Tel. 070 53/929 40, Fax 070 53/92 94 30, www.berlins-hotel.de. Zwei traditionsreiche Schwesterhäuser; beide bieten komfortable Zimmer mit sehr schönem Burg- und Talblick.

Lediglich der Alte Turm (rechts vorne) blieb von der Stadtmauer um Nagold

11 Nagold

Große Kreisstadt und aufstrebender Wirtschaftsstandort.

Eine echte Schwarzwaldschönheit ist Nagold nicht. Das **Industriestädtchen** (23 000 Einw., 411 m) am Zusammenfluss von Nagold und Waldach füllt mittlerweile fast das ganze weite Becken der oberen Nagold aus, wobei sich auch einige moderne, zu klotzig und zu hoch geratene Wohnhäuser in den Himmel recken. Auf rund 90 ha Gewerbefläche rings um den Ort haben sich Betriebe des Fahrzeugsonderbaus sowie der Textil- und Möbelindustrie angesiedelt. Die Lehranstalt des Deutschen Textileinzelhandels und das Ausbildungszentrum der Straßenbauverwaltung machen die Kreisstadt zudem zu einem Berufsbildungszentrum.

Versöhnlich stimmt die historische **Altstadt**, die trotz der vier Großbrände im 19. Jh. einige sehenswerte historische Häuserzeilen vorzuweisen hat. Von der 1877 abgebrochenen gotischen Stadtkirche blieb der **Alte Turm** von 1401 erhal-

ten, der mit seiner markanten doppelten Laterne den Ortskern überragt. Die Lebensader von Nagold ist die **Marktstraße** mit dem barocken *Rathaus* aus dem 18. Jh. und etlichen ansehnlichen Fachwerkhäusern. Das prächtigste ist *Haus Maisch* (Nr. 43), dessen zierliches Fachwerk im 17. Jh. errichtet wurde. Als ältestes Wohngebäude der Stadt gilt das so genannte **Steinhaus** in der am Rathaus abgehenden Badgasse. Der massive Bau mit seinen Buckelquader-Ecksteinen geht auf das 13. Jh. zurück. Heute sind darin das Stadtarchiv und ein **Heimatmuseum** (Di, Do, So 14–17 Uhr) untergebracht.

Eines der bekanntesten Gebäude Nagolds ist die **Alte Post** in der Bahnhofstraße. Der schmucke Fachwerkbau von 1697 war einst eine Poststation der Fürsten von Thurn und Taxis, heute offeriert darin ein Lokal gute Mittelmeerküche. Zum Wahrzeichen der Stadt avancierte das von einem Freudenstädter Kunstschmied 1907 angefertigte vergoldete Wirtshausschild.

Kunstgeschichtlich ist die am südwestlichen Ortsrand gelegene Friedhofskirche **St. Remigius** interessant. Der auf den Ruinen eines römischen Gutshofes errichtete Bau mit wuchtigem quadratischem Turm ist eines der ältesten Gotteshäuser im Nordschwarzwald. Es wurde erstmals um 773 erwähnt, jedoch im 14.–16. Jh. mehrfach verändert. An der südlichen Langhauswand erzählen restaurierte frühgotische Fresken aus dem 14. Jh. Szenen aus der Passionsgeschichte Jesu.

Das filigran gearbeitete und goldverzierte Wirtshausschild lockt in die ›Alte Post‹

i Praktische Hinweise

Information

Stadt Nagold, Marktstr. 27, Nagold, Tel. 074 52/68 10, Fax 074 52/681 51 35, www.nagold.de

Restaurant

Alte Post, Bahnhofstr. 2, Nagold, Tel. 074 52/845 00. Im historischen Ambiente des 300 Jahren alten Fachwerkhauses steht mediterran inspirierte Küche im Vordergrund. Eine Wucht ist die Crème brûlée mit Orangenfilets und Mangosorbet (Mo geschl.).

12 Altensteig

Treppenstadt mit mittelalterlichem Flair.

Schon bei der Anfahrt durch das **Nagoldtal** kann man den Zauber von Altensteig (5500 Einw., 504 m) genießen: Postkartenreif ziehen sich die auf Terrassen übereinander gestapelten Häuserzeilen einen steilen Hang hinauf, dessen Spitze von dem malerischen Fachwerkschloss und der Stadtkirche besetzt ist. Spitzgiebelige Häuser stehen Seite an Seite, enge Gassen und Treppenwege verbinden die einzelnen ›Etagen‹.

Der Luftkurort entstand im ausgehenden 12. Jh. im Schutz einer von den Pfalzgrafen von Tübingen errichteten Burg. Sie wird auch *Altes Schloss* genannt, im Gegensatz zu dem etwas unterhalb errichteten *Neuen Schloss* aus dem späten Mittelalter, das heute dem Forstamt ein stilvolles Zuhause bietet. In den 1980er-Jahren stellte man den alten Ortskern mit seinen schönen Fachwerkbauten aus dem 15.–18. Jh. komplett unter **Denkmalschutz**. Vom Talgrund führt die gut ausgeschilderte *historische Meile* hangaufwärts. Zunächst steigt man an der Getreidemühle von 1640 und der Messerschmiede von 1844 vorbei zum **Haus Bäck-Schwarz** auf. Die ehemalige Bäcke-

Das historische Zentrum von Altensteig samt Evangelischer Stadtkirche mit Haubenturm am steilen Hang der Nagold präsentiert sich als mittelalterliche Dorfschönheit

rei mit sehr schönem alemannischen Fachwerk, gekennzeichnet durch weit auseinander gestellte Stiele, eng gereihte Balkenköpfe sowie Bohlenständerwände, wurde 1459 erbaut und beherbergt heute einen urigen Gasthof. Über eine steile Treppe gelangt man zum mittelalterlichen **Rathaus**, dessen Fachwerkaufbau aus der Mitte des 15. Jh. auf dem aus Buckelquadern erbauten 200 Jahre älteren Erdgeschoss ruht. Den kleinen Vorplatz ziert ein von den Gebrüdern Jakob und Christoph Reich 1747 gestalteter *Rokokobrunnen*, die schlanke Brunnensäule schmückt das Wappen der württembergischen Herzöge.

Die Altstadt wird von dem **Alten Schloss** auf der Hanghöhe überragt, dessen markanter dreigeschossiger Fachwerkaufsatz das Wahrzeichen Altensteigs ist. Es geht im Kern auf die romanische Burg der Grafen von Tübingen zurück, gewissermaßen die Keimzelle des Ortes. Die bergseitige Wehrmauer wird von zwei Ecktürmen begrenzt: Der *Hölle* genannte Turm diente einst als Gefängnis, im Himmel befand sich die Wächterstube. Das *Museum im Alten Schloss* (Mi 14–16 und So 14–17 Uhr) dokumentiert auf vier Etagen die Besiedlung des Nagoldtales und stellt die früher typischen Schwarzwaldberufe wie Holzfäller, Flößer und Harzer vor. Beachtenswert ist der spätgotische Innenausbau der Räumlichkeiten, angefangen von den sehr gut erhaltenen Terrakottaböden und rustikalen Bohlenständerwänden bis hin zu den mit Schnitzereien verzierten Balkendecken.

Die benachbarte **Evangelische Stadtkirche** entstand 1775 nach Plänen des württembergischen Kirchenbaumeisters Wilhelm Friedrich Goez. Den quadratischen Rokokoturm schließt über der Glockenstube ein Helm mit aufgesetzter Laterne ab.

i Praktische Hinweise

Information

Tourist Info im Rathaus, Paulastr. 4, Altensteig, Tel. 074 53/94 60, Fax 074 53/94 61 47, www.altensteig.de

Hotel

****Hirsch**, Simmersfelder Str. 24, Altensteig-Überberg (4 km westlich von Altensteig), Tel. 074 53/82 90, Fax 074 53/509 89, www.hirsch-ueberberg.de. Rustikaler Landgasthof mit als Bauernstuben eingerichteten Zimmern. In der behaglichen Gaststube kann man sich mit Wildgerichten kulinarisch verwöhnen lassen.

13 Bad Wildbad

Staatsbad und Gesundbrunnen mit Tradition.

Im Tal der Großen Enz liegt zwischen den Hängen von *Sommerberg* (731 m) und *Meisternkopf* (714 m) eines des bekanntesten **Heilbäder** Deutschlands. Bad Wildbad (11 000 Einw.) verdankt seinen Ruf dem aus 600 m Tiefe sprudelnden fluoridhaltigen 34–42 °C warmen Thermalwasser. Die Kurkliniken, Sanatorien und Reha-Zentren im Ort sind auf Linderung bei Erkrankungen des Bewegungsapparates, Rheuma und Lähmungen spezialisiert, im Winter wird die saubere Schwarzwaldluft von Allergikern und Asthmatikern geschätzt.

Geschichte Als Entstehungsdatum einer mittelalterlichen Siedlung an der Enz gilt der Sommer 1367, als sich Graf Eberhard I. von Württemberg, der Greiner, zu einer Kur in **Wiltbade** aufhielt und dabei nur mit knapper Not einer Horde von Räubern entkommen konnte. Der Graf ließ daraufhin das Bad mit einer Mauer befestigen, »damit in künftigen Sommern sich jeder greise Mann, von Feinden ungefährdet, im Bade vergnügen kann«. So reimte der schwäbische Dichter *Ludwig Uhland* (1787–1862) in seiner Ballade ›Der Überfall im Wildbad‹ (1815) zurecht. Schon im 15. Jh. war Wildbad ein beliebter florierender Badeort, in dem sich gerne auch gekrönte Häupter und Literaten zur Kur einfanden.

Nach kriegsbedingten Verwüstungen und dem siebten großen **Stadtbrand** im Jahr 1742 begann in der zweiten Hälfte des 18. Jh. ein grundlegender Neuaufbau der Stadt. Die Pläne dazu lieferte *Christoph Daniel von Leger* (1701–1791), der im Zentrum des Ortes anstelle des verwinkelten Marktplatzes den rechteckigen *Kurplatz* anlegen ließ. Mit einer Kabinettsorder leitete 1824 König Wilhelm I. von Württemberg den Ausbau zum **Staatsbad** ein. Der Bau des *Großen Badgebäudes* (heute Palais Thermal) bescherte Wildbad in der 2. Hälfte des 19. Jh. stetig wachsende Gästezahlen, die nur während der beiden Weltkriege einbrachen. 1856 weilte der Opernkomponist Gioacchino Rossini (1792–1868) in Wildbad, dem die Stadt seit 1989 jeden Sommer ein Musikfestival widmet. Im Jahr 1983 schließlich erfolgte die offizielle Anerkennung als Heilbad mit Verleihung des Titels ›Bad‹.

Besichtigung Mittelpunkt der verkehrsberuhigten Stadt ist der **Kurplatz**, an dem sich neben der 1746 erbauten *Pfarrkirche* und klassizistisch geprägten Hotelbauten auch das ehemalige *Graf-Eberhard-Bad* befindet. Es wurde grundlegend renoviert und zählt seit seiner Wiedereröffnung unter dem Namen **Palais Thermal** (Mo–Fr 12–22 Uhr, Sa/So 10–22 Uhr, www.palais-thermal.de) nicht nur zu den Hauptanziehungspunkten des Luftkurortes sondern gilt auch als eines der prachtvollsten Badehäuser des ganzen Landes. Nikolaus von Thouret (1767–1845) entwarf den Prunkbau mit seiner monumentalen Sandsteinfassade in klassizistischem Stil; jedoch wurde das Bad seit seiner Fertigstellung im Jahr 1847 mehrfach verändert. Ein architektonisches Juwel ist die 1897 entstandene *Maurische Halle*, ein nach Motiven der Alhambra von Granada ausgeschmückter Lichthof, der den Badegästen heute als Cafeteria zur Verfügung steht. Um das Atrium gruppieren sich Fürsten-, Herren- und Frauenbad, die jeweils reich mit Stuck, Marmorintarsien, polychromen Wand- und Bodenfliesen sowie verspielten Jugendstilverglasungen ausgestattet sind. Im Herrenbad ist die ›Venus mit dem Apfel‹ beachtenswert, eine weiße Marmorskulptur des dänischen Bildhauers Bertel Thorvaldsen (1770–1844). Die im Frauenbad dem Wasser entstiegene Aphrodite wird dem Friedrich-Schiller-Freund Johann Heinrich von Dannecker (1758–1841) zugeschrieben. Die historischen Bewegungsbäder bilden mit modernen Whirlpools,

Göttliche Badefreuden verspricht das edel ausgestattete Palais Thermal, das Mitte des 19. Jh. als Luxustherme unter dem Namen Graf-Eberhard-Bad errichtet wurde

drei Saunakabinen, einem römischen Dampfbad und dem im Obergeschoss befindlichen Fitnessraum eine Badelandschaft, die keine Wünsche offen lässt.

Gegenüber vom Kurplatz liegt am linken Ufer der Großen Enz das **Haus des Gastes**, ein eindrucksvoller Zweiflügelbau mit Mittelrisalit und Mansardendach. Das bis 1977 König-Karls-Bad genannte ehemalige Kurmittelhaus entstand kurz vor der Wende zum 20. Jh. An der Außenfassade fallen kunstvoll aus Sandstein gearbeitete Löwen- und Eberköpfe auf. Durch den geschmackvoll mit Gobelins und Deckengemälden ausgeschmückten Kuppelsaal betritt man die zentrale Halle, die heute als Veranstaltungssaal genutzt wird. Im Obergeschoss darüber finden sich ein öffentlicher Leseraum und ein Spielzimmer.

Von der Ortsmitte aus erreicht man in südwestlicher Richtung die **Kuranlagen** an der Enz. Das 40 ha große Gartengelände empfängt Besucher mit einer vor 300 Jahren angepflanzten Hainbuchenallee, dahinter lockt der Park mit Rosskastanien, Linden, aus Amerika importierten Weymouthskiefern und Mammutbäumen. Zwischen dem alten Baumbestand und gepflegten Blumenrabatten erfreuen Wasserspiele das Auge. Am Südrand der Gartenanlagen befindet sich das 1910 von König Wilhelm II. von Württemberg eingeweihte **Kurhaus**. Darin lädt das große *Kurpark-Restaurant* zu Kaffee und Schwarzwälder Kirschtorte ein.

Ihm gegenüber liegt mitten im Grünen das in den 1960er-Jahren erbaute Thermalbad **Vital Quelle** (tgl. 9–19, Di/Do 9–21 Uhr). Mit einer großen Schwimmhalle und einem ganzjährig geöffneten Warmwasser-Außenbecken ist es eine preisgünstige Alternative zum Palais Thermal. Vom Kurhaus führt eine kleine Brücke über die Enz zur **Trinkhalle** auf der rechten Seite des Flusses. In der 1934 errichteten 90 m langen Wandelhalle finden Ausstellungen und Kurkonzerte statt.

Eine Bergbahn erschließt seit 1908 den **Sommerberg** westlich der Stadt. An der Bergstation beginnt ein ausgedehntes **Wegenetz**, das zu langen Wanderungen einlädt. Eine der schönsten Touren führt über die Grünhütte ins *Naturschutzgebiet Wildseemoor*. Besucher erkunden auf einem erhöhten Bohlenweg das 181 ha umfassende Gebiet mit der seltenen Flora und Fauna, das als Deutschlands höchstgelegenes Moor bereits seit 1939 unter

Naturschutz steht. Für *Wintersportler* ist der Höhenrücken mit zwei Skiliften erschlossen, gespurte Langlaufloipen führen bis in die knapp 15 km südwestlich von Bad Wildbad ebenfalls im Enztal gelegene Ortschaft *Kaltenbronn*. Am Hang des Sommerberges eröffnete im Jahr 2000 ein **Bikepark** (April–Okt. tgl. 10–18 Uhr, www.northwave-bikepark-bad-wild bad.de), der sich mit leichten bis mittelschweren Freerides und einer anspruchsvollen 1,7 km langen Downhill-Strecke zu einem beliebten Revier der Mountainbiker-Szene entwickelt hat.

i Praktische Hinweise

Information

Touristik Bad Wildbad GmbH, König-Karl-Str. 7, Bad Wildbad, Tel. 070 81/102 80, Fax 070 81/102 90, www.bad-wildbad-tourismus.de

Öffentliche Verkehrsmittel

Sommerbergbahn, Talstation am Uhlandplatz, Bad Wildbad, Tel. 070 81/33 94. Die Schienendrahtseilbahn fährt im 30-Minuten-Takt auf den Sommerberg (tgl. 6.30–22.30, im Winter 6.30–19.30 Uhr).

Sport

Radsportakademie, König-Karl-Str. 7, Bad Wildbad, Tel. 070 81/92 50 80, www.radsportakademie.de. Angeboten werden Workshops auf Rennrädern oder Mountainbikes zu Themen wie Material, Training oder Ernährung.

Einkaufen

Forellenzucht Calmbach (Würzbachtaler Forellengrill), Würzbachstr. 278, Tel. 070 81/72 17. Regenbogen-, Bach- und Lachsforellen aus eigener Zucht im Ortsteil Calmbach, wahlweise frisch oder geräuchert. Der angeschlossene Imbiss bietet Fischdelikatessen (Di geschl.).

Hotels

***Badhotel**, Kurplatz 5, Bad Wildbad, Tel. 070 81/17 60, Fax 070 81/17 61 70, www.badhotel-badwildbad.de. Das führende Haus am Platze verfügt über direkte Anbindung an das Palais Thermal (freier Eintritt für Hotelgäste). Das elegante Hotelrestaurant ›Graf Eberhard‹ serviert regionale und internationale Spezialitäten.

Rothfuß, Olgastr. 47, Bad Wildbad, Tel. 070 81/924 80, Fax 070 81/92 48 10, www.hotel-rothfuss.de. Modernes Haus mit 30 Zimmern in ruhiger Panoramalage am Waldrand; mit Nichtraucheretage und Wellness-Abteilung.

Restaurant

Bären, Kurplatz 4–6, Bad Wildbad, Tel. 070 81/30 10. Die solide Regionalküche des traditionsreichen Hauses wusste schon Rossini zu schätzen. Geboten werden u. a. Forellen in allen Variationen, etwa in Folie gegart an Riesling-Sahne.

14 Bad Herrenalb

Siebentälerstadt im Albtal.

Im Schnittpunkt von sieben zusammenlaufenden Tälern liegt der **heilklimatische Luftkurort** Bad Herrenalb (7000 Einw.) in den Ausläufern des nördlichen Schwarzwaldes zwischen Baden-Baden und Pforzheim. Das Städtchen breitet sich im Wesentlichen im *Albtal* aus, dessen namengebendes Flüsschen etwa 6 km südlich von Bad Herrenalb am Langmartskopf (942 m) entspringt und bei Karlsruhe in den Rhein mündet. Die zahlreichen Kurgäste schätzen an der Region das milde Reizklima sowie die gut ausgebauten Wanderwege durch wiesenreiche Auen und über bewaldete Bergkuppen rings um Bad Herrenalb.

Geschichte Das mittelalterliche **Alba dominorum** geht auf ein von Graf Bertold III. und seiner Gemahlin Uta im Jahr 1149 gestiftetes Zisterzienserkloster zurück, um das sich schon bald Bauern und Handwerker ansiedelten. Wiederholte Brandschatzungen im Bauernkrieg (1524/25) und gegen Ende des Dreißigjährigen Krieges (1618–48) setzten dem Klosterdorf allerdings arg zu. Nennenswerte wirtschaftliche Impulse erhielt Herrenalb erst 1839, als man nach den Ideen des Naturheilkundigen *Vincenz Prießnitz* (1799–1851) eine **Kaltwasserheilanstalt** gründete und der Ort zur Sommerfrische der vornehmen Gesellschaft avancierte. Aus dieser Zeit stammen etliche der repräsentativen Wohn- und Hotelbauten, die noch heute so viel zum charmanten Erscheinungsbild von Herrenalb beitragen, das 1887 zur Stadt und 1971 zum Bad erhoben wurde.

Besichtigung Der erste Weg führt zu der im Ortskern gelegenen Ruine des

Ihren Platz an der Sonne genießen Gäste im einladenden Kurpark von Bad Herrenalb

ehem. **Zisterzienserklosters St. Maria.** Von der einst so stolzen romanischen Säulenbasilika aus dem 12. Jh. blieben lediglich die Außenmauern der *Vorhalle* erhalten. Der Eingangsfront setzte man 1462 einen steilen spätgotischen Giebel mit schönem Maßwerkfenster und zierlichem Dachreiter auf. Im Kircheninneren fällt in der Nordwand des spätgotischen Chors die eingelassene Tumba des Markgrafen Bernhard I. von Baden († 1431) auf. Deren sehenswerte Spitzbogenarkade mit liegendem Toten wird einem Straßburger Steinmetz zugeschrieben. Die barocken Architekturelemente gehen auf eine Restaurierung der Kirche im Jahr 1739 zurück.

Den kleinen Stadtplatz nördlich vom Klosterareal dominiert **Mönchs Posthotel** mit der zugehörigen *Klosterschänke* (zzt. geschl.). Der prächtige Fachwerkbau aus dem 16. Jh. diente im 19. Jh. als Posthalterei. In den angrenzenden **Kuranlagen** kann man im Trinkpavillon das mineralreiche Thermalwasser der Stadt verkosten. Nahebei befindet sich das moderne Erlebnisbad **Siebentäler Therme** (www.siebentaelertherme.de, tgl. 9–22 Uhr, Wellness-Welt Mo–Fr 13–22, Sa, So 9–22 Uhr), das 2001 um das *Prießnitz Spa*, eine 700 m^2 große Badelandschaft mit Finnischer Sauna und zwei Dampfbädern, erweitert wurde.

i Praktische Hinweise

Information

Tourismusbüro, Rathausplatz 11, Bad Herrenalb, Tel. 070 83/50 05 55, Fax 070 83/50 05 44, www.badherrenalb.de

Hotels

****Schwarzwaldgasthof Linde**, Gaistalstr. 128, Bad Herrenalb, Tel. 070 83/922 30, Fax 070 83/92 23 16. Das familiär geführte Haus liegt 3 km südlich von Bad Herrenalb im reizvollen Gaistal (Bushaltestelle vor der Tür).
Die 15 einfach möblierten Zimmer haben Balkon und Kabel-TV.

****Waldschlösschen**, Im Wiesengrund 7, Tel. 070 83/23 96, Fax 070 83/518 77, www.waldschloesschen.net. Ausgesprochen ruhig gelegene Pension etwa 20 Gehminuten südlich des Ortskerns mit gemütlich eingerichteten Zimmern. Café und hauseigene Konditorei anbei.

Restaurant

Lamm, Mönchstr. 31, Bad Herrenalb-Rotensol (5 km nördlich von Bad Herrenalb), Tel. 070 83/924 40. Auf der Speisekarte stehen Klassiker wie Zwiebelrostbraten mit hausgemachten Spätzle, außerdem gibt es fantasievoll zusammengestellte Feinschmeckermenüs. Vorzeigestück des Hauses ist der mit edlen Tropfen und Bränden gefüllte rustikale Weinkeller (Mo geschl.).

Ortenau und Kinzigtal – Wein und Wasser im Zentrum des Schwarzwalds

Die Westabdachung des Schwarzwaldes bildet das liebliche Weinanbaugebiet der **Ortenau**, durch die sowohl die 160 km lange *Badische Weinstraße* mäandert als auch von Diersburg bei Offenburg bis Baden-Baden der *Ortenauer Weinpfad* führt. Die sanfthügeligen Weinberge erstrecken sich entlang der Rheinebene von Rastatt bis zum Breisgau, im Osten reicht die Ortenau weit in die Täler von Murg und Kinzig hinein. Die **Kinzig** trennt als natürliche Grenze den Nordschwarzwald vom Mittelteil des Gebirges. Von ihrem Ursprung südlich von Freudenstadt schlängelt sie sich in einem weiten Bogen quer durch den Schwarzwald, um bei **Offenburg**, der Hauptstadt der Ortenau, in die Rheinebene zu münden. Im Tal der Kinzig liegen überaus malerische Orte, etwa **Gengenbach**, dessen denkmalgeschützte Altstadt geradezu von schmuckem Fachwerk und mittelalterlichen Türmen überladen ist. Von seltener architektonischer Geschlossenheit zeigt sich auch **Schiltach**, wo zudem interessante kleine Museen mit den alten Handwerken der Flößer und Gerber vertraut machen. Große Sakralarchitektur erwartet den Besucher im einstigen **Benediktinerkloster Alpirsbach**, das zu den eindrucksvollsten Zeugnissen der romanischen Epoche im Schwarzwald zählt.

15 Offenburg

Plan Seite 58

Industrie-, Verlags- und Messestadt mit barockem Kern, Zentrum der Ortenau.

Die **Große Kreisstadt** (57 000 Einw.) Offenburg an der Mündung des Kinzigtales in die Oberrheinische Tiefebene ist ein lebhafter **Industriestandort** und hat sich auch als **Messeplatz** einen Namen gemacht. Größter Arbeitgeber der ganzen Region ist mit 2500 Beschäftigten der *Medienkonzern Burda*, Herausgeber von Zeitschriften wie Bunte, Freundin, Focus u. a. Entsprechend überragt das Burda-Hochhaus am Talhang mit seiner hellen Glas-Aluminium-Fassade auch die Stadt. Gewissermaßen zu seinen Füßen gruppiert sich am östlichen Ufer der Kinzig die Altstadt mit ihren sehenswerten Fachwerk- und Barockgebäuden. Von großer wirtschaftlicher Bedeutung ist auch, dass sich in Offenburg die Bahnlinien Rheintalstrecke und Schwarzwaldbahn kreuzen, was die ›Metropole der Ortenau‹ mit der Anbindung an die A 5 Hamburg – Basel sowie den Bundesstraßen 3 und 33 zu einem bedeutenden **Verkehrsknotenpunkt** macht.

Geschichte Wie Freiburg und Villingen ist auch das 1101 erstmals belegte Offenburg eine Gründung der Zähringer. 1240 erhob der Stauferkaiser Friedrich II. den Ort in den Rang einer **freien Reichsstadt**. Aber bereits im Dreißigjährigen Krieg eroberten und verheerten schwedische Truppen die Stadt und im Pfälzischen Erbfolgekrieg legten 1689 die französischen Reiterschwadronen Ludwigs XIV. Offenburg in Schutt und Asche.

Doch die Stadt erholte sich immer wieder und stieg im Zuge der Industrialisierung sowie des Eisenbahnbaues ab 1844 zu einem attraktiven **Wirtschaftsstandort** auf – neben dem Medienhaus Burda gehören heute die Tesa-Werke und der Süßwarenhersteller Vivil zu den namhaftesten Firmen vor Ort. Seit 1924 findet in den Messehallen am linken Ufer der Kin-

◁ **Oben:** *Filmreif präsentiert sich die Altstadt von Gengenbach mit Obertorturm*
Unten: *Sprunghafter Mummenschanz der alemannischen Fasnet, hier in Wolfach*

Der Platz vor dem barocken Rathaus von Offenburg gehört modernen ›Bänklesitzern‹

zig jeden Herbst die **Oberrhein Messe** statt, eine große Verbraucherschau zu den Sparten Bauen, Einrichten, Mode und Ernährung.

Besichtigung Das Stadtzentrum wird von ansehnlichen **Barockbauten** aus dem 18. Jh. geprägt, um die herum in den letzten beiden Jahrhunderten ein Gürtel aus mehr oder weniger gesichtslosen Vorstädten und Industrieansiedlungen entstanden ist. Vom Hauptbahnhof aus erreicht man das Zentrum auf der in südlicher Richtung verlaufenden Hauptstraße, die kurz nach der 1864 erbauten neugotischen **Evangelischen Stadtkirche** 1 zur Fußgängerzone wird. Bald zweigt rechts die Pfarrstraße ab, in die ein kurzer Abstecher zur **Heilig-Kreuz-Kirche** 2 lohnt. Anstelle einer 1689 abgebrannten Vorgängerkirche aus dem 13. Jh. steht hier eine nach Vorarlberger Vorbild von Franz Beer zu Anfang des 18. Jh. errichtete dreischiffige Hallenkirche mit dreigeschossigem Barockturm. Von der Innenausstattung ist der Hochaltar (um 1740) von Franz Lichtenauer sowie das zierliche Rokokogitter der Musikempore beachtenswert. Das gotische *Ölberg-Szenario* auf dem Friedhof hinter der Kirche geht auf das Jahr 1524 zurück und zeigt hinter den schlafenden Jüngern den betenden Christus vor nahenden Häschern.

Die Ecke Hauptstraße/Kreuzkirchstraße nimmt die **Einhornapotheke** 3 ein, eines der auffälligsten Häuser der Altstadt. Das längliche Gebäude entstand 1720, sein zweifach horizontal abgeteilter barocker Volutengiebel mit schmiedeeisernem Balkon über der Eingangstür im Jahr 1772. Nur wenige Schritte weiter südlich findet man das **Rathaus** 4, einen von Matthias Fuchs entworfenen dreigeschossigen Barockbau von 1741. Seine gefällige Fassade krönt ein aufgesetzter halbkreisförmiger Mittelgiebel, die Fenster werden von kunstvoll skulptierten Steinrahmen eingefasst. Über dem Portal prangt neben dem Stadtwappen der österreichische Doppeladler, der die frühere Verbundenheit mit dem Haus Habsburg demonstriert. Der **Königshof** 5 neben dem Rathaus ist ein weiteres schönes Beispiel des Barock in Offenburg. Der Vorarlberger Baumeister Dominik Elmenreich hatte den repräsentativen Bau 1714–17 errichtet, in dem bis 1806 die Landvögte der Ortenau residierten. Heute befinden sich hinter der reich verzierten dreistöckigen Fassade die Büros der Polizeidirektion. Schräg gegenüber des Rathauses wird der **Fischmarkt** 6 von ei-

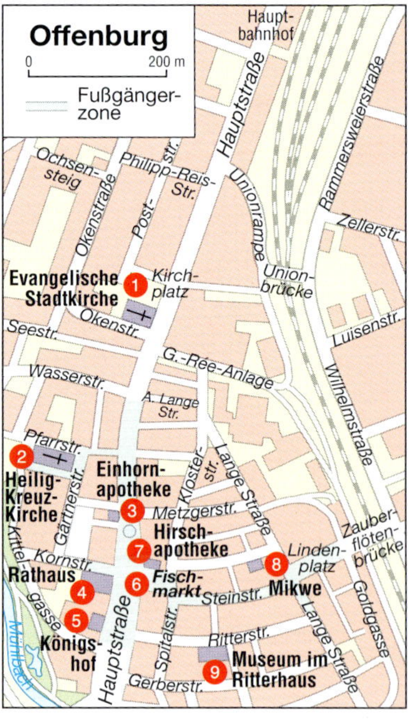

Engelsfiguren flankieren stellvertretend für die himmlischen Chöre die Orgel der Heilig-Kreuz-Kirche, das filigrane Rokokogitter bauscht sich zu goldenen Wolken

nem schmucken Ensemble von Bürgerhäusern eingefasst, in denen lebhafte Straßencafés zum Verweilen einladen. Die nördliche Platzseite ziert die **Hirschapotheke** 7 (1698), eines der Wahrzeichen Offenburgs. Ihre abgetreppte Giebelfassade ist rings um die sechs pyramidenförmig angeordneten Fenster allegorisch bemalt. So ist zum Beispiel rechts der Tod als Sensenmann abgebildet, ganz oben erkennt man einen Hirschkopf mit Hubertuskreuz im Geweih.

In der Glaserstraße östlich vom Fischmarkt befindet sich eine mittelalterliche **Mikwe** 8 (Besichtigung im Rahmen von Stadtführungen, April–Okt. 10 Uhr, Anmeldung Tel. 07 81/82 20 00). Das rituelle jüdische Tauchbad aus dem 14. Jh. ist 15 m tief in den Boden eingelassen. Eine enge steile Treppe führt in einen Schacht ab, der früher mit Grundwasser gefüllt war und der kleinen jüdischen Gemeinde zu Waschungen diente. Zwei Parallelstraßen südlich dokumentiert in dem um 1700 erbauten ehem. Amtsgebäude der Ortenauer Reichsritterschaft das **Museum im Ritterhaus** 9 (Di–Fr 10–13 und 15–17, Sa/So 10–17 Uhr, www.museum-offenburg.de) auf zwei Stockwerken die Stadtgeschichte anhand von archäologischen Funden.

TOP TIPP Europapark Rust

Über die A5 erreicht man 25 km südwestlich von Offenburg den Europapark Rust (Tel. 018 05/77 66 88, 0,14 €/Min., www.europapark.de, April–Okt. 9–18, Dez. 11–19 Uhr), mit über 3,6 Mio. Besuchern im Jahr der größte Freizeitpark Deutschlands. Seit seiner Eröffnung im Jahr 1975 wurde das Gelände mehrfach erweitert und umfasst heute auf 65 ha mehr als 60 Attraktionen. Zu den beliebten Highlights des Themenparks gehören ein *Russisches Dorf* und ein *Wikingerland* sowie Fahrten mit einem *Mississippidampfer* oder mit dem *Matterhorn-Blitz*, einer rasant schnellen Schienenbahn, die während der Fahrt immer wieder abrupt ihre Richtung ändert. 2002 kam mit dem *›Silver Star‹* eine 73 m hohe Achterbahn hinzu, die es auf Spitzengeschwindigkeiten von 130 km/h bringt. Von dem 75 m hohen *Eurotower* kann man eine weite Aussicht auf die zu beiden Seiten der Rheinebene gelegenen Bergzüge von Schwarzwald und Vogesen genießen. Den Übernachtungsgästen stehen drei familienfreundliche *Erlebnishotels* zur Verfügung. Das Themenhotel Colosseo verfügt allein über 1400 Betten und ist damit der größte Beherbergungsbetrieb im Südwesten Deutschlands.

i Praktische Hinweise

Information

Stadtinformation im Bürgerbüro, Fischmarkt 2, Offenburg, Tel. 07 81/82 20 00, Fax 07 81/82 72 51, www.offenburg.de

Eines der markantesten Gebäude am Marktplatz von Offenburg ist die Hirschapotheke, deren allegorische Fassadenmalerei den Tod als Handlanger des Apothekers darstellt

Hotel

****Sonne**, Hauptstr. 94, Offenburg, Tel. 07 81/93 21 60, Fax 07 81/932 16 40, www.hotel-sonne-offenburg.de. Sehr zentrale Lage neben dem Rathaus in der Fußgängerzone. 52 komfortable Zimmer im historischen Ambiente des 19. Jh.

Restaurant

Guglhupf, Metzgerstr. 7, Offenburg, Tel. 07 81/781 55. In der heimeligen Gaststube wird badisch-elsässische Küche geboten. Spezialität des Hauses ist Baeckeofen, ein im Steintopf gebackener deftiger Eintopf mit dreierlei Fleischsorten. Zur Kaffeezeit gibt es natürlich auch den namengebenden Kuchen.

16 Gengenbach

TOP TIPP *Historische Reichsstadt und romantische Fachwerkperle im Vorderen Kinzigtal.*

Zu Recht rühmt sich das knapp 10 km südöstlich von Offenburg gelegene Gengenbach (10 800 Einw.) eines der reizvollsten Stadtbilder Südwestdeutschlands. Die denkmalgeschützte Altstadt präsentiert sich mit pittoresken Fachwerkhäusern, Tortürmen und barocken Patrizierhäusern wie ein Freilichtmuseum und diente bereits wiederholt als historische Filmkulisse.

Geschichte Um 725 gründete der *hl. Pirmin* († um 753) nahe der Kinzig die **Benediktinerabtei Gengenbach**, die hundert Jahre darauf in den Rang eines Reichsklosters erhoben wurde. Das zugehörige bäuerliche Klosterdorf erhielt 1230 Stadtrecht und wurde 1360 von Kaiser Karl IV. zur freien **Reichsstadt** ernannt. Im Dreißigjährigen Krieg fiel der Ort kurzzeitig an Schweden, im Pfälzischen Erbfolgekrieg von 1689 brandschatzten ihn französische Reiterschwadronen.

Das heutige Stadtbild von Gengenbach geht im Wesentlichen auf die Jahre des Wiederaufbaus im ausgehenden 17. und beginnenden 18. Jh. zurück und blieb seitdem nahezu unverändert.

Besichtigung Mittelpunkt der kreisförmig angelegten **Altstadt** ist der dreieckige gepflasterte *Marktplatz* mit dem **Röhrbrunnen**, dem Wahrzeichen von Gengenbach. Auf dem Renaissancesockel des Brunnenstocks steht stolz die Steinfigur eines ›Schwed'‹ genannten Ritters. Mit der linken Hand stützt er sich auf das Stadtwappen, in der rechten hält er die Urkundenrolle mit den Privilegien der freien Reichsstadt. Die Ostseite des Platzes nimmt das von Victor Kretz 1784 errichtete klassizistische **Rathaus** ein. Blickfang der dreigeschossigen rötlich-weißen Fassade ist der Dreieckgiebel des Mittelrisalits, der von einem Figurenensemble des einheimischen Bildhauers Peter Schwab gekrönt wird – den Reichsadler flankieren Allegorien der Gerechtigkeit (Justitia) und Weisheit (Prudentia). Schräg gegenüber ist am ehem. **Kauf- und Kornhaus** das mit zwei Löwenköpfen geschmückte Renaissanceportal beachtenswert. Im **Palais Löwenberg**, einem herrschaftlichen Patrizierhaus aus dem 18. Jh. an der Südseite des Marktplatzes, wird in wechselnden Ausstellungen zeitgenössische Kunst gezeigt.

Nordöstlich vom Marktplatz überragt die Stadtkirche **St. Marien** die historische Altstadt. Anstelle der 1689 abgebrannten romanischen Benediktinerklosterkirche erhebt sich heute ihr von Franz Beer errichteter Barockbau vom Beginn des 18. Jh. In den Jahren 1892–1906 romanisierte man den Innenraum freilich wieder und malte Wände und Decken fast vollständig mit Szenen aus der Heiligen Schrift aus. Der Glockenturm des Gotteshauses mit seinem quadratischen Untergeschoss und der von einer schlanken Laterne mit goldenem Kreuz gezierten Haube wurde 1716 vollendet.

Im östlichen Teil der Altstadt vermittelt ein 1991 rekonstruiertes Stück eines *Wehrganges* ein Bild von der Befestigung, die das Städtchen im Mittelalter umgab, damals mit Mauerring, Türmen und Graben. Noch erhalten ist der **Obertorturm**, der die Stadt gegen Norden sicherte. Der quadratische Turm mit Fallgitter und dem aufgemalten Ziffernblatt einer Sonnenuhr geht auf die Mitte des 13. Jh. zurück, der spitz zulaufende Helm wurde 1689 aufgesetzt. Südwestlich vom Obertor verstärkte der halbrunde und zur Stadt hin offene **Schwedenturm** die mittelalterliche Festungsanlage.

Die malerischsten Winkel Gengenbachs finden sich in der westlichen Altstadt. Dort reihen sich in der **Engelgasse** hübsche eingeschossige Fachwerkhäuser aus dem 18. Jh. aneinander. Am südlichen Ende der Gasse erblickt man den **Niggelturm** aus dem 14. Jh., der neben seiner eigentlichen Funktion als Wachturm zeitweise auch als Gefängnis und Warenkontor genutzt wurde. Heute informiert das **Narrenmuseum** (April–Okt. Mi/Sa 14–17, So 10–12, 14–17 Uhr) auf sieben Etagen über die fünfte Jahreszeit, die, wie das ausgestellte *Fasnethäs* und Masken dokumentieren, in Gengenbach besonders bunt gefeiert wird.

Richtung Süden verlässt man die Altstadt durch den **Kinzigturm**, in dem ein **Wehrgeschichtliches Museum** (Mai–Okt. Sa 14–17, So 10–12, 14–17 Uhr) an-

Sinnenfreudig – seit Ende des 19. Jh. verkünden Bildergeschichten die christliche Heilsbotschaft im vollständig ausgemalten Innenraum der St. Marien-Kirche in Gengenbach

schaulich über die Verteidigungsanlagen der Stadt informiert. Unweit davon ist im ehem. Bahnwärterhäuschen am rechten Kinzigufer seit 1991 das kleine **Flößerei- und Verkehrsmuseum** (April–Okt. Sa 14–17, So 10–12, 14–17 Uhr) untergebracht. Auf 100 m^2 stellt es die Flößerei vor, diesen auch im Kinzigtal früher so wichtigen Broterwerb.

i Praktische Hinweise

Information

Tourist Information, Im Winzerhof, Gengenbach, Tel. 078 03/93 01 43, Fax 078 03/ 93 01 42, www.stadt-gengenbach.de

Restaurant

Steinkellerhaus, Hauptstr. 33, Gengenbach, Tel. 078 03/24 71. Sehr schöner Fachwerk-Gasthof mit rustikalem Gewölbekeller und geraniengeschmücktem Innenhof. Es gibt badisch-bürgerliche Küche, etwa Flammkuchen, Schäufele oder Maultaschen, dazu trinkt man ein Viertele Wein aus der Ortenau (Mo geschl.). Im angeschlossenen Laden können hausgebrannte Schnäpse in Designerflaschen erworben werden.

17 Zell am Harmersbach

Hübsches Städtchen, bekannt für Zeller Keramik, Kultobjekt mit Hahn und Henne.

Die ehemals kleinste **Reichsstadt** der Habsburger im landschaftlich reizvollen Tal des Harmersbachs, einem nördlichen Seitenzweig der Kinzig, bewahrte trotz etlicher schwerer Brände in weiten Teilen ihren mittelalterlichen Charakters. Zell am Harmersbach (7900 Einw.) wurde als Rodungsinsel des Klosters Gengenbach im 12. Jh. gegründet und 1325 zur Stadt ernannt. Im 14. Jh. umschlossen die Bürger ihre Heimat mit einem doppelten Mauerring und fünf Wehrtürmen, von denen neben Resten des Walls noch ein Tor- und Flankierungsturm erhalten sind.

Weit über die Stadtgrenzen hinaus bekannt wurde der Ort durch seine **Steingutfabrik**. In der bereits 1794 gegründeten Manufaktur kreierte der Maler Karl Schöner 1898 erstmals das erfolgreiche, ursprünglich als Kinderserie gedachte *Hahn-und-Henne-Dekor*: ein schwarzer Hahn und eine schwarze Henne, beide mit roten Kämmen und Kehllappen, vor lichtem gelben Hintergrund und einem eine Wiese andeutenden grünen Tellerrand. Die aktuelle Geschirrkollektion der von Hand bemalten Zeller Keramik umfasst heute 130 verschiedene Formenteile.

Den Mittelpunkt des schmuck herausgeputzten Städtchens mit seinen rechtwinklig verlaufenden Straßen bildet der großzügig angelegte Kanzleiplatz, der im Süden vom **Storchenturm** abgeschlossen wird. Das Wahrzeichen von Zell ist ein massiver Bruchsteinbau von quadratischem Grundriss, der 1130 erbaut und 1462 an den Ecken mit Buckelquadern verstärkt wurde. Das Dach ziert die aufgesetzte sog. *Arme-Sünder-Glocke*, deren Läuten einst verkündete, dass man einen zum Tode Verurteilten auf den Richtplatz vor den Stadtmauern brachte. 108 Stufen führen auf den 25 m hohen Turm hinauf, von oben ergibt sich über die Stadt hinweg ein schöner *Ausblick* ins Harmersbachtal. Nicht umsonst nennen ihn die Einheimischen *Lueginsland*. Im Turm und einigen Nebengebäuden stellt das **Storchenturm-Museum** (April–Okt. Di–So 14–17 Uhr, www.storchenturm-museum.de) auf 780 m^2 rund 3000 volkskundliche Exponate aus, darunter Trachten, Fastnachtsfiguren und ein für 60 Personen hergestelltes grüngoldenes Tafelservice aus der Zeller Keramikmanufaktur.

Den Norden des Kanzleiplatzes nimmt die Schmalseite des **Rathauses** ein, das mit seiner Front zur vorbeiführenden Hauptstraße ausgerichtet ist. Der Repräsentationsbau von 1815 gefällt durch den aufgesetzten Uhrengiebel und seine bunt

Das macht Laune – Zeller Frühstücksgeschirr in fröhlichem Hahn-und-Henne-Dekor

Stattliche Fachwerkhäuser aus dem 18. und 19. Jh. sowie nicht minder beeindruckende Jugendstilbauten säumen pittoresk die Hauptstraße von Zell am Harmersbach

glasierten Dachziegel. Die **Hauptstraße** wird von prächtigen Jugendstilfassaden und aufwendig gestalteten giebelständigen Häusern des Historismus gesäumt, die nach den letzten beiden großen Stadtbränden von 1899 und 1904 errichtet wurden.

Unter Kunstliebhabern hat sich die **Villa Haiss** (Mi/Fr/Sa 12–17, Do 18–22, So 13–18 Uhr, www.museum-villa-haiss.de) am Stadtpark nördlich der Hauptstraße einen Namen gemacht. Im Erdgeschoss des schlichten weißen Gebäudes mit Fassadenportikus finden Wechselausstellungen statt. Die permanente Sammlung in den beiden oberen Stockwerken umfasst etwa 120 Werke zeitgenössischer Kunst von Beuys (›Zeig mir deine Wunde‹, 1977) über Christo (›Valley Curtain‹, 1971) bis Andy Warhol (›Beethoven Suite‹, 1986).

In nordöstlicher Richtung führt die Hauptstraße zur Wallfahrtskirche **Maria zu den Ketten** im Ortsteil Unterharmersbach. Den ungewöhnlichen Namen erhielt der Ende des 15. Jh. errichtete und seither mehrfach umgestaltete Sakralbau nach der so genannten *Kettenlegende*. Sie besagt, dass einst ein Kreuzfahrer auf wundersame Weise aus türkischer Gefangenschaft frei kam. Er glaubte darin das Werk der Gottesmutter zu erkennen und hängte zum Dank seine Ketten vor dem bis dato als Maria zur Rose verehrten *Gnadenbild* auf. Die Legende ist auf den Deckenfresken der Kirche dargestellt, in der auch der spätbarocke Hochaltar sowie die kunstvoll gearbeitete Rokokokanzel sehenswert sind.

Folgt man ab Maria zu den Ketten der Hauptstraße ein Stück weiter taleinwärts, erreicht man linker Hand über eine kleine Holzbrücke den **Fürstenberger Hof**. Es ist ein Kinzigtäler Schwarzwaldhaus aus dem 17. Jh., das nach einem Brand 1993 nach alten Vorlagen originalgetreu rekonstruiert und als **Heimatmuseum** (April–Okt. Do, So 15–17 Uhr) hergerichtet wurde. Die Wohnstube mit Herrgottswinkel, die Ruß geschwärzte Küche, das Himmelbett im

Schlafzimmer sowie der gut bestückte Aussteuerschrank erwecken den Eindruck, als sei das Haus bis eben noch bewohnt gewesen.

i Praktische Hinweise

Information

Tourist Information, Alte Kanzlei, Zell am Harmersbach, Tel. 078 35/63 69 47, Fax 078 35/63 69 50, www.zell.de

Einkaufen

TOP TIPP **Zeller Keramik**, Hauptstr. 2, Zell am Harmersbach, Tel. 078 35/78 60, Mo–Fr 9–17.30, Sa 9–16, Mai–Dez. auch So 9.30–17 Uhr, www.zeller-keramik.de. Fabrikverkauf der Hahn-und-Henne-Keramik, vom Eierbecher bis zum kompletten Kaffeegeschirr. Produktlinien wie ›Alt Straßburg‹, ›Fleur de Provence‹ oder ›Kornfeld‹ sind ebenfalls einen Blick wert. Die Zweite-Wahl-Ware mit leichten Unregelmäßigkeiten ist besonders günstig. Jeden Mi um 14 Uhr kann man unter fachkundiger Leitung das Werk besichtigen (Treffpunkt im Laden, Dauer ca. 1 Std.).

Restaurants

Gasthaus Sonne, Hauptstr. 5, Tel. 078 35/6 37 30. In der hellen, traditionell eingerichteten Gaststube wird badische und mediterrane Küche serviert.

Vesperstube Durben, Durben 25, Zell am Harmersbach (Ortsteil Unterharmersbach, am Wanderweg zum Brandenkopf), Tel. 078 37/2 74. Der abgelegene Gasthof hält ein einfaches Bauernvesper mit selbst gebackenem Brot und hausgekeltertem Most bereit (Mi/Do geschl.) Es werden auch zwei preisgünstige Ferienwohnungen vermietet.

18 Haslach

Historische Marktstadt und Heimat eines Schwarzwälder Originals.

Die von sanften Hügelketten eingerahmte **Kleinstadt** Haslach (6800 Einw.) ist mit ihrem kreisrunden Altstadtkern aus Fachwerkhäusern des 18. Jh. ein viel besuchtes Ausflugsziel im Kinzigtal. Der im 11. Jh. von den Zähringern gegründete Ort fiel 1250 an die Grafen von Fürstenberg, die ihn zum Zentrum ihres Bergbaureviers im mittleren Schwarzwald erweiterten. Die profitablen Silberminen und die zentrale Stellung als Marktflecken verhalfen den Haslachern zu beachtlichem Wohlstand. Einen empfindlichen Rückschlag erlitt der Ort 1704, als die Franzosen ihn fast komplett niederbrannten. Das heutige Stadtbild spiegelt weitgehend den Neuaufbau im 18. Jh. wider.

Um den **Marktplatz** scharen sich schmucke Fachwerk- und Bürgerhäuser, darunter das so genannte **Hohe Haus** von 1705, das bis 1810 die Fürstenbergische Kanzlei beherbergte. Die nördliche Seite des Platzes begrenzt das 1733 auf dem Erdgeschoss eines früheren Fachwerkhauses erbaute **Rathaus**. Die Fassade des dreigeschossigen Baues schmücken volkstümliche Malereien des Haslacher Künstlers Otto Laible (1898–1962).

Die Stadtkirche **St. Arbogast** am Südrand der Altstadt geht auf das 12. Jh. zurück. Aus dieser Zeit ist aber nur ein romanisches Sandsteinrelief des Sündenfalles erhalten, das über dem Portal des 1481 erbauten Westturmes eingemauert wurde. Der barocke *Ostturm* mit schön gestufter Glockenhaube entstand 1780–82 nach Plänen des fürstenbergischen Baumeisters Franz Joseph Salzmann.

Südwestlich der Altstadt liegt die viereckige Anlage des ehem. **Kapuzinerklosters St. Christophorus**. Graf Rudolf von Fürstenberg ließ die Abtei 1630–32,

In Haslach findet sich wunderschönes Fachwerk – bei dem sich sogar die Balken biegen

mitten im Dreißigjährigen Krieg, in schlichtem Bettelordenstil errichten. Die 1973–84 restaurierte Klosterkirche besitzt einen barocken Hochaltar, in dem die zwei Gemälde ›Verkündigung‹ und ›Marienkrönung‹ (1614) des Prager Hofmalers Matthäus Gundelach (um 1566–1653) beachtenswert sind. Der einstige Kapitelsaal beherbergt das **Schwarzwälder Trachtenmuseum** (April–Mitte Okt. Di–Sa 9–17, So 10–17, Mitte Okt.–Dez., Febr.–März Di–Fr 9–12, 13–17 Uhr, im Jan. nur nach Voranmeldung, Tel. 078 32/70 61 72). Ausgestellt werden über 80 bäuerliche Volkstrachten des 16.–19. Jh., Bollenhüte aus dem Gutachtal fehlen ebenso wenig wie Strohzylinder aus Furtwangen. Zu den kostbarsten Stücken gehören ein St. Georgener Brautschäppel und eine Kinzigtaler Goldhaube.

TOP TIPP

Am östlichen Stadtrand erinnert das **Hansjakob-Museum** (Mi 10–12, 15–17, Fr 15–17, April–Okt. zusätzlich So 10–17 Uhr) in Wort und Bild an den Pfarrer und Volksschriftsteller *Heinrich Hansjakob* (1837–1916), den berühmtesten Sohn der Stadt. Es ist im Parterre des Freihofes eingerichtet, das sich der Dichter 1913 im Stil eines Schwarzwaldhauses als Alterssitz errichten ließ. In den beiden oberen Stockwerken sind Arbeiten der Haslacher Heimatmaler Carl Sandhaus und Otto Laible ausgestellt.

Ein beliebtes Ziel für Jung und Alt ist auch das 2003 eröffnete **Besucherbergwerk ›Segen Gottes‹** (April–Okt. Di–So Führungen um 11, 13.30 und 15.30 Uhr und nach Vereinbarung, Tel. 078 32/912 50) in Haslach-Schnellingen. Die ehem. Silbergrube mit ihren gut erhaltenen Stollen sowie prächtigen Kristalldrusen und Stalaktiten zählt zu den bedeutendsten historischen Bergwerken des Schwarzwalds.

i Praktische Hinweise

Information

Tourist Information, Im Alten Kapuzinerkloster, Haslach, Tel. 078 32/70 61 70, Fax 078 32/70 61 79, www.gastliches-kinzigtal.de und www.haslach.de

Hotel

****Storchen**, Hauptstr. 35, Haslach, Tel. 078 32/97 97 97, Fax 078 32/97 97 99, www.hotel-storchen.de. Kleines Designerhotel in der historischen Altstadt mit acht individuell gestalteten Zimmern. Im angeschlossenen Restaurant gibt es u. a. leckeren Flammkuchen.

Aufwendige Brautkronen, sog. Schäppel, zeigt das Schwarzwälder Trachtenmuseum

Restaurant

Drei Schneeballen, Hauptstr. 11, Hofstetten (2 km südwestlich von Haslach), Tel. 078 32/28 15. In dem 500 Jahre alten Fachwerkhaus direkt neben der Dorfkirche werden köstliche Forellen aufgetischt (Di. geschl.).

19 Wolfach

Stadt der Glasbläser und Schellenhansel.

Die **Kleinstadt** Wolfach (6000 Einw.) an der Mündung des Flüsschens Wolf in die Kinzig gilt zusammen mit dem Ortsteil Kirnbach und den südlichen Nachbarsiedlungen Gutach und Reichenbach als Heimat der *Bollenhuttracht*. Der beschauliche Ort ist zudem eine Hochburg der alemannischen **Fastnacht**, die mit dem Narrenwecken am Rosenmontag, dem Nasenumzug und dem bunten Treiben der Mehlwurm-, Schellen- und Streifenhansel am Fastnachtsdienstag ihren Höhepunkt erlebt.

Der erstmals 1148 als *Villa Wolfacha* erwähnte Ort gehörte 1273–1806 den Fürstenbergern, die dem Städtchen mit dem

Fürstlich Fürstenbergischen Schloss ein monumentales Wahrzeichen hinterließen. Immerhin weist die 1671–81 erbaute ehem. Residenz eine Fassadenlänge von 110 m auf. Es überstand auch die zahlreichen Brände, die in Wolfach wüteten, zuletzt im Jahr 1892.

Vom westlichen Nachbarort Hausach kommend betritt man den ovalen Altstadtkern durch den von einem Staffelgiebel akzentuierten Torturm des Schlosses. Schmuckstück der ansonsten eher nüchternen Vierflügelanlage ist das links an der Hauptstraße gelegene barocke westliche *Hofportal* mit dem fürstenbergischen Wappen im Giebel. In der zweigeschossigen *Schlosskapelle* ist das Frühwerk ›Christus im Grabe‹ des Wolfacher Johann Baptist Seele sehenswert, das der spätere Hofmaler des württembergischen Königshauses 1788 als 14-jähriger Junge gemalt hatte. In der ehem. Schlossküche informiert das **Flößer- und Heimatmuseum** (Mai–Okt. Di/Do/ Sa 14–17, So 10–12, 14–17, Nov.–April Do 14–17, jeden 1. So im Monat 14–17 Uhr) über die traditionsreiche Flößerei und den Bergbau im Kinzigtal. Außerdem werden schmucke Trachten, bemalte Bauernmöbel sowie Masken und Narrengewänder der Wolfacher Fastnachtszünfte ausgestellt.

Am Schloss beginnt auch die als Marktplatz angelegte gepflasterte Hauptstraße, deren rechte Seite das nach dem Brand 1893 neu erbaute **Rathaus** dominiert. Den imposanten dreigeschossigen Sandsteingiebel ziert ein lang gestreckter Balkon mit steinerner Brüstung, die Fassadenmalerei schuf der einheimische Kunstmaler Eduard Trautwein.

TOP TIPP Ein Besuchermagnet in Wolfach ist die **Dorotheenhütte** (www.dorotheenhuette.de, tgl. 9–16.30 Uhr, Führungen Mo 11, Do 14 Uhr) südwestlich der Altstadt nahe der B 294. In der Werkstatt lässt sich anschaulich verfolgen, wie aus 1450° heißer Quarzsandmasse formschöne Glaswaren entstehen. Auf Wunsch kann man sich sein ganz persönliches Stück Bleikristall herstellen lassen – mund-

Wintermann mit Schellen dran – fantasievolle Variation eines traditionellen Fasnetkostüms

Karneval auf Alemannisch

Andernorts mag zwar größer gefeiert werden, doch was Originalität und Vielfalt angeht, ist die schwäbisch-alemannische **Fasnet** kaum zu überbieten. Mit Beginn der ›fünften Jahreszeit‹ am 11.11. um 11.11 Uhr hört man bereits allerorten den Ruf »'s goht degege!« – »Es geht dagegen«, nämlich mit närrischem Treiben gegen die Ordnung.

Kaum hat der Winter begonnen, versucht man, ihn mit einem wilden **Mummenschanz** wieder auszutreiben. Jede der an die zwei Dutzend Fasnet-Hochburgen des Schwarzwalds hat da so ihre eigenen Methoden. Mal verstecken sich die Narren hinter Furcht erregenden Teufelsmasken, mal hinter lieblich anmutenden Barocklarven. Gemeinsamer Nenner: Zwischen ›schmotzigem Dunschtig‹ (schmutziger oder unsinniger Donnerstag) und Aschermittwoch kommt die Region nicht zur Ruhe. Am Fastnachtsmontag werden mit der **Katzenmusik** in aller Herrgottsfrühe die letzten Narren aus den Betten geworfen. In Wolfach wird dazu der **Wohlaufmann** in seinem rollenden Bett durch die Stadt gefahren. Die Stars in Villingen und Rottweil sind die **Narros**, die mit bis zu 30 kg schweren bronzenem Glockengehänge in rhythmischen Sprungschritt durch die Straßen ziehen. Am Aschermittwoch ist dann der Spuk vorbei, wenn in **Trauermärschen** die Fasnet zu Grabe getragen wird oder, wie in Wolfach üblich, die leeren Geldbeutel im Dorfbrunnen ausgewaschen werden.

Blasen, so lange es heiß ist – ein Glasbläser der Dorotheenhütte zeigt, wie man's macht

Nebenan kann man die filigranen Endprodukte der kunstfertigen Glasbläser erstehen

geblasen, handgeschliffen und mit einem gravierten Namenszug versehen. Ein *Glasmuseum* informiert über die Geschichte der Glasbläserkunst und gibt anhand von kostbaren Einzelstücken einen Überblick über das im Lauf der Jahrhunderte veränderte Stilempfinden. Der Glashütte ist ein ständiges *Weihnachtsdorf* mit Verkaufsraum angeschlossen, in dem rund 1600 Artikel wie Vasen, Karaffen und Burgunderkelche aus eigener Produktion angeboten werden.

i Praktische Hinweise

Information

Tourist Information, Hauptstr. 41, Wolfach, Tel. 078 34/83 53 53, Fax 078 34/83 53 59, www.wolfach.de

Hotel

*****Adler**, Wolfach-St. Roman (7 km nordöstlich von Wolfach), Tel. 078 36/937 80, Fax 078 36/74 34, www.adler-sanktroman.de. Die 42 Balkonzimmer des sehr ruhig gelegenen Hauses sind geschmackvoll im Landhausstil eingerichtet. Kleines Hallenbad mit Wellness-Bereich. Direkt vor der Haustür beginnen Wanderwege und eine 12,5 km lange Loipe.

Restaurant

Krone, Hauptstr. 33, Wolfach, Tel. 078 34/837 80. Das Hotelrestaurant im historischem Fachwerkhaus bietet nicht allzu teure italienische Spezialitäten, etwa Calzone und Saltimbocca. Im Sommer sitzt man schön auf der großen Terrasse.

20 Schiltach

TOP TIPP *Bilderbuchstädtle der Flößer und Gerber.*

Der **Luftkurort** Schiltach (4100 Einw.) am Zusammenfluss von Schiltach und Kinzig ist ein touristisches Muss. An den Hängen des Schlossberges bezaubert ein pittoreskes Fachwerkensemble, das mehrfach für sein geschlossenes Ortsbild ausgezeichnet wurde. Die historische Altstadt stammt aus dem 16.–18. Jh., ist vorbildlich restauriert und steht komplett unter Denkmalschutz. Die schmalen kopfsteingepflasterten Gassen sind durch Steintreppen miteinander verbunden, Brunnen und schmiedeeiserne Wirtshausschilder bilden markante Blickpunkte.

Zentrum des um 1275 erstmals erwähnten Ortes ist der steil am Hang angelegte dreieckige *Marktplatz*, den der württembergische Baumeister Heinrich Schickardt 1590 gestaltete. Das **Museum am Markt** (April–Okt. tgl. 11–17, 24. Dez.–6. Jan. tgl. 14–16 Uhr) an der Südseite des Platzes stellt auf drei Stockwerken die Zünfte der Stadt vor, ein Schwerpunkt liegt auf der Flachs- und Hanfverarbeitung. Von einer ehemals über dem Städtchen thronenden Burg ist ein Modell zu sehen, das nach einem Kupferstich von Matthäus Merian (1593–1650) rekonstruiert wurde. Das etwas höher gelegene **Apothekenmuseum** (April–Mai Di–So 14.30–16.30, Juni–Okt. Di–So 10.30–12, 14.30–16.30 Uhr) befindet sich im Haus der 1837 eröffneten Ratsapotheke. Seit sie 1989 geschlossen wurde, machen in ihren sie-

Baulich hat sich im Zentrum von Schiltach seit mehr als 200 Jahren nicht viel geändert: Die Fachwerkhäuser um den steil angelegten Marktplatz stammen alle aus dem 16.–18. Jh.

ben Räumen Mörser, Inhalationsgeräte und anderes Handwerkszeug der Drogisten anschaulich mit einer *Offizin* von anno dazumal bekannt. Besonders elegant wirkt das Biedermeier-Mobiliar aus Wurzelholz.

Am oberen Rand des Marktplatzes steht in beherrschender Lage das **Rathaus**, ein 1592–94 ebenfalls von Heinrich Schickardt errichteter Renaissancebau. Über seinen beiden offenen Arkaden im Erdgeschoss erhebt sich ein steiler *Staffelgiebel*, geziert von einem Dachreiter mit zwei Glöckchen, der sein heutiges Gesicht einem Umbau von 1900 verdankt. Die etwas markig wirkende Fassadenmalerei mit allegorischen Bildern aus der Stadtgeschichte schuf 1942 der schon in Wolfach tätig gewordene Kunstmaler Eduard Trautwein. Vom Rathaus aus lässt sich auf dem buckeligen Pflaster der Schlossbergstraße ein Abstecher ins **Obere Städtle** machen, das mit weiteren sehenswerten Fachwerkzeilen aus dem 18. und 19. Jh. aufwartet.

Unterhalb vom Marktplatz ist das **Gasthaus zum Adler** einer der herausragenden Bauten der Stadt. Dem aus Stein gebauten Erdgeschoss sitzt ein formenreicher vier Geschosse hoher Fachwerkgiebel auf. Eine besonders malerische Note gewinnt das Haus durch den von einem Spitzdach abgeschlossenen Erker.

Nördlich des Marktplatzes verläuft die Hauptstraße parallel zum Fluss. Hier lohnt das **Gerberviertel** einen Bummel, in dem sich die ältesten Häuser von Schiltach befinden. Das malerische Viertel liegt außerhalb der ehemaligen Stadtbefestigung und am Flussufer – zwei Umstände, dank derer es mehrere Großbrände im 16. und 18. Jh. unversehrt überstand. Wie die Gerber suchte auch das Holz verarbeitende Gewerbe die Nähe zum Wasser. Auf einer nahen Insel zwischen der Kinzig und einem abgezweigten Kanal ist in den Gebäuden eines bis 1931 betriebenen Sägewerks das **Schüttsägemuseum** (April–Okt. tgl. 11–17, Vorführung der Maschinen Fr 15 Uhr) eingerichtet. Neben der Feilstube und diversen Gerätschaften von Flößern und Zimmermännern ist vor allem die mit Wasserkraft angetriebene noch voll funktionsfähige Säge interessant.

i Praktische Hinweise

Information

Tourist Information, Hauptstr. 5, Schiltach, Tel. 078 36/58 50, Fax 078 36/58 58, www.schiltach.de

Hotel

****Zum weyßen Rössle**, Schenkenzeller Str. 42, Schiltach, Tel. 078 36/387, Fax 078 36/79 52, www.weysses-roessle.de. Kleines Familienhotel in einem denkmalgeschützten Haus mit acht zweckmäßig eingerichteten Zimmern.

21 Alpirsbach

Alte Klosterstadt mit moderner Brauerei.

Gut 10 km südlich von Freudenstadt liegt im oberen Kinzigtal der **Luftkurort** Alpirsbach (7000 Einw.). Das viel besuchte Städtchen besitzt mitten im Zentrum mit dem ehem. **Benediktinerkloster** eine der eindrucksvollsten romanischen Abteien Süddeutschlands. Weithin bekannt wurde Alpirsbach freilich durch seine Klosterbrauerei [s. u.]. Einen anschaulichen Überblick über die Bau-, Kloster- und Stadtgeschichte sowie über das Klosterleben im Mittelalter und in der Reformationszeit bietet das **Infozentrum und Klostermuseum ›Mönche und Scholaren‹** (Mitte März–Mitte April Mo–Sa 10.30–16.30, Mitte April–Okt. Mo–Sa 10–17.30, So 11–17.30, Nov.–Mitte März Do, Sa, So 13.30–15.30 Uhr). Schon bald nach der Gründung des Klosters im Jahr 1095 schlossen sich die Benediktinermönche der cluniazensischen Reformbewegung an. Von einer ersten, 1099 geweihten Klosterkirche blieb allein der 43 m hohe quadratische *Westturm* (um 1099) erhalten, der 1550 einen Staffelgiebel aufgesetzt bekam. Zu Beginn des 12. Jh. begann man mit dem Bau der monumentalen dreischiffigen Kirche **St. Nikolaus** aus rotem Sandstein. Obwohl sie später mehrfach umgebaut wurde, ist sie noch ganz von der klaren Formensprache der Romanik geprägt. Im Innenraum sind am Ende des Hauptchors in der mittleren der drei Altarnischen *Wandmalereien* aus dem frühen 13. Jh. zu sehen. Neben Christus als Weltenrichter wird die Kreuzigung dargestellt. Von besonderer Qualität ist auch der *Marienaltar* (1520–25) im nördlichen Querhaus. Die dem Ulmer Meister Nikolaus Weckman zugeschriebene Arbeit zeigt im Mittelbild die Marienkrönung, auf den beiden Seitenflügeln Verkündigung, Heimsuchung Mariä sowie Dornenkrönung Christi. Lohnend ist auch die Besichtigung des südlich an die Kirche angrenzenden spätgotischen **Kreuzganges**. Er wurde Ende des 15. Jh. fertig gestellt und gefällt durch das schöne Rippengewölbe und die kunstvoll gearbeiteten Maßwerkfenster. Seit 1952 finden hier jeden Sommer *Kreuzgartenkonzerte* statt (Info-Tel. 074 44/194 33 oder über die Touristeninformation).

Südwestlich des Klosters erreicht man den lang gestreckten *Marktplatz*, der von schönen Fachwerkbauten aus dem 18. Jh. und dem modernen Gebäudekomplex der **Klosterbrauerei** eingefasst wird. Dort zeigt das übersichtlich gestaltete *Brauereimuseum* (Führungen ab Souvenirshop, tgl. 14.30 Uhr, Tel. 074 44/670) die traditionelle Kunst des Bierbrauens. Auch ein anschließender Umtrunk kann arrangiert werden, ebenso die Besichtigung des Abfüllwerkes im Rahmen einer zweistündigen *Führung*.

Nebenan kann man in der Verkaufsausstellung **Alpirsbacher Glasbläserei** (Mo–Fr 10–18 Uhr, Sa 10–16 Uhr, Nov.–März 12–14 Uhr geschl., März–Dez. So 14–17 Uhr) einen Glasbläser bei der Ausübung seiner traditionellen Kunst beobachten.

i Praktische Hinweise

Information

Tourist Information, Hauptstr. 20, Alpirsbach, Tel. 074 44/951 62 81, Fax 074 44/951 62 83, www.alpirsbach.de

Restaurant

Löwen-Post, Marktplatz 12, Alpirsbach, Tel. 074 44/955 95. Gemütlicher Brauereigasthof mit regionalen Spezialitäten wie Maultaschen, Käs'spätzle oder Kutteln, zu denen man am besten ein naturtrübes Alpirsbacher Weizenhefebier trinkt.

Romanische Schlichtheit kennzeichnet St. Nikolaus, die Klosterkirche von Alpirsbach

Mittlerer Schwarzwald – rauschende Wasserfälle, nostalgische Kuckucksuhren

Das Zentrum des Schwarzwalds zwischen der Kinzig und dem Höllental wird größtenteils vom Schwarzwald-Baar-Kreis eingenommen, der nach der Gemeindereform in den 1970er-Jahren entstand. Das geschäftige Zentrum der Region ist die alte Zähringerstadt **Villingen-Schwenningen**. Der Stadtteil Villingen kann zudem mit einer sehr gut erhaltenen mittelalterlichen Stadtanlage und einem gotischen Münster aufwarten. Viel besucht sind auch die Luftkurorte **St. Peter** und **St. Märgen**, zwei ehemalige Klosterdörfer mit barocken Zwillingstürmen als Wahrzeichen.

Etwa in der Mitte des Schwarzwalds liegt das romantische **Gutachtal**, die Heimat des Bollenhutes. Der dortige **Vogtsbauernhof** ist eine touristische Attraktion ersten Ranges, sind in dem weitläufigen Freilichtmuseum doch zahlreiche Schwarzwaldhäuser versammelt. Sie belegen, dass sich die einstige Bauernarchitektur je nach Region ganz unterschiedlich ausgeprägt hat. Ein sehenswertes Naturschauspiel erwartet Besucher an den **Triberger Wasserfällen**, den höchsten in Deutschland. Und im benachbarten **Schonach** können die beiden größten *Kuckucksuhren* der Welt besichtigt werden.

22 Villingen-Schwenningen

Altstadtcharme und Industriefleiß kennzeichnen die Doppelstadt am Schwarzwaldrand.

Villingen-Schwenningen (80 000 Einw.) am Ostrand des mittleren Schwarzwaldes ist der **wirtschaftliche Mittelpunkt** der Region Schwarzwald-Baar. Während die alte Gemarkung von Villingen noch eindeutig dem auslaufenden Schwarzwald zuzurechnen ist, befindet sich die 5 km östlich gelegene Stadthälfte Schwenningen bereits in der Baar, einer weiten Hochmulde zwischen dem Schwarzwald und der Schwäbischen Alb. Die Vereinigung der beiden Orte erfolgte 1972 im Rahmen der baden-württembergischen Kommunalreform aus wirtschaftlichen Gründen – wie sich gezeigt hat, zum beiderseitigen Nutzen. Während Villingen mit seiner gut erhaltenen Altstadt seine historischen Wurzeln betont, hat sich der ebenso umtriebige Industriestandort Schwenningen ganz der Moderne verschrieben.

Oben: *Ein Häuschen in Schonach? Nein, es ist die zweitgrößte Kuckucksuhr der Welt*
Unten: *Superlativ in Triberg, das die höchsten Wasserfälle Deutschlands (163 m) besitzt*

Geschichte **Villingen** gehört zu den ältesten Siedlungsräumen im Schwarzwald. 1 km südöstlich der heutigen Innenstadt entdeckten Archäologen auf dem Magdalenenberg ein **Keltengrab** aus der Hallstattzeit (um 550 v. Chr.) von mehr als 100 m Länge und bis zu 10 m Höhe. Der Name **Ad Filingas** wurde erstmals im Jahr 817 urkundlich erwähnt und 999 erhielt der aufstrebende Marktflecken das Münz- und Zollrecht. Die eigentliche Stadtgründung geht auf die Zähringer zurück, die um 1100 nach demselben Muster wie in Freiburg und Offenburg am rechten Ufer der Brigach eine Stadt an zwei sich kreuzenden Hauptstraßen anlegten. 1218 wurde Villingen staufische **Reichsstadt** und mit einer Mauer mit vier

Ungleiches Geschwisterpaar in Villingen – den Südturm des Münsters Unserer Lieben Frau krönt ein buntes Ziegeldach, den Nordturm ein grün patiniertes Kupfertürmchen

Toren und zwei Wehrtürmen zu einer mittelalterlichen Festung ausgebaut. Von den Staufern ging die Stadt an die Fürstenberger über, die sie 1326 an das Haus Habsburg verkauften. Im Dreißigjährigen Krieg überstand Villingen die Belagerung der Schweden und Württemberger ebenso unbeschadet wie 1704 den Ansturm französischer Truppen. Die Habsburger Herrschaft endete 1805, ein Jahr später wurde die Zähringerstadt in das neu geschaffene Großherzogtum Baden eingegliedert.

Der Bau der **Schwarzwaldbahn** brachte Villingen ab 1873 einen enormen wirtschaftlichen Aufschwung. Mit etlichen Betrieben der Metall verarbeitenden und elektrotechnischen Industrie ist die Stadt noch heute einer der bedeutendsten Industriestandorte im Schwarzwald.

Besichtigung Westlich des Bahnhofs betritt man durch das **Bickentor** den noch größtenteils von der historischen Ringmauer umschlossenen ovalen Altstadtkern von Villingen. An den quadratischen Torturm aus dem 13. Jh. lehnt sich an der Nordseite das barocke **Ursulinenkloster**, in dem seit 1782 die Schwestern des Ursulinenordens eine Klosterschule für Mädchen betreiben. Über die von Bürgerhäusern mit Erkern und Dachgauben gesäumten Bickenstraße erreicht man den **Marktplatz** – die Villinger nennen ihn salopp *Latschariplatz*. Rechts führt die Obere Straße zum **Oberen Tor**, das die Stadt einst nach Norden absicherte. Am *Café Raben*, mit seiner seit 1900 be-

Für einen Bummel durch die historische Altstadt von Villingen sollte man genügend Zeit mitbringen, denn hier gibt es romantische Winkel und einladende Plätze zu entdecken

Der 22 m hohe Viereckturm des Oberen Tors bewacht den Eingang zur Oberen Straße

malten Fassade der Blickfang der Häuserzeile, öffnet sich die Obere Straße nach links zum lang gezogenen Münsterplatz hin. Dieser wird ganz vom **Münster Unserer Lieben Frau**, dem Wahrzeichen Villingens, in seiner Mitte beherrscht. Die dreischiffige Pfeilerbasilika wurde 1130 begonnen, der Chor nach dem großen und einzigen Stadtbrand 1271 im hochgotischen Stil neu aufgebaut. Die beiden jeweils 50 m hohen Türme im Osten konnten erst im 15. und 16. Jh. vollendet werden. Aus der romanischen Epoche blieben das Westportal und das doppelbögige Südportal erhalten. Von der *Innenausstattung* sind der Altaraufsatz und die spätgotische Steinkanzel (um 1500) sehenswert. Auf dem angeblich von einem blinden Bildhauer gearbeiteten skulptierten Kanzelkorb wird der Leidensweg Christi dargestellt.

Gegenüber dem Chor des Münsters zieht das dreistöckige **Alte Rathaus**, das 1306 errichtet und 1534 spätgotisch umgebaut wurde, mit seinem bemalten Staffelgiebel die Blicke auf sich.

Parallel zum Münsterplatz führt die Rietgasse nach Westen, die vom gedrungenen viereckigen Riettor abgeschlossen wird. Zu seiner Linken befinden sich die Gebäude des ehem. **Franziskanerklosters**. Die 1222 geweihte und 1704 nach einem Brand originalgetreu wieder aufgebaute gotische *Stiftskirche* wird seit 1982 als *Konzerthaus* genutzt und ist für ihre brillante Akustik bekannt. Das **Franziskanermuseum** (Di–Sa 13–17, So 11–17 Uhr) im Kreuzgang und in der ehem. Sakristei zählt mit 8000 Objekten zu den bedeutendsten volkskundlichen Sammlungen im Schwarzwald. Aus der frühgeschichtlichen Epoche sind ein rekonstruiertes keltisches Fürstengrab aus der Hallstattzeit und ein 2400 Jahre altes Bernsteinkollier sehenswert. Als eines der kostbarsten Stücke gilt ein mittelalterlicher Bilderteppich aus dem 15. Jh., absolute Rarität ist eine Schwarzwalduhr aus dem Jahr 1706.

Die Villinger Schwesterstadt **Schwenningen** ist ein Kind der Gründerzeit, die im 19. Jh. aus einem mittelalterlichen Haufendorf eine expandierende Uhrenstadt machte. Seit dem Niedergang der Uhrenindustrie in den 1970er-Jahren wurde so manches leer stehende Fabrikgebäude abgerissen und die Innenstadt zu einem modernen Einkaufszentrum umgestaltet. Ein Stück altes Schwenningen blieb am zentralen *Muslenplatz* erhalten, dessen Westseite vom **Pfarrhaus** dominiert wird, einem stolzen Fachwerkbau von 1747. Gegenüber ist im ehem. *Lehrerhaus* aus dem 18. Jh. das **Heimat- und Uhrenmuseum** (Di–So 10–12 und 14–18 Uhr, Sa nur 14–18 Uhr) untergebracht, das mit einer komplett eingerichteten Uhrmacherwerkstatt und einer Sammlung von Schwarzwalduhren an die große Zeit der Schwenninger Uhrenindustrie erinnert.

Technikfans zieht es zum **Internationalen Luftfahrtmuseum** (März–Okt. tgl. 9–19, Nov.–Febr. 9–17.30 Uhr) beim Sportflughafen am Ostrand der Stadt. Auf 13 000 m² Ausstellungsfläche in Halle und Freigelände sind vom einfachen Segelflieger bis zum Düsenjäger mehr als 40 historische Flugzeuge zu bestaunen. Highlights sind ein Starfighter und ein Doppeldecker vom Typ Antonow.

Im Süden der Stadt kann man vom Parkplatz in der Dürrheimer Straße auf einem 3,5 km langen Rundweg das **Schwenninger Moos** mit seinen ausgedehnten Schilfbeständen, Wollgraswiesen und dem unberührten Birken- und Erlenbruchwald erkunden. Inmitten des fast verlandeten eiszeitlichen Sees, in dem noch bis 1949 Torf gestochen wurde, liegt der *Neckarursprung*. Der württembergische Herzog Ludwig hatte diese Hauptquelle des Neckars bereits 1581 fassen lassen.

Ausflüge

Von Villingen-Schwenningen aus bieten sich mehrere Ausflüge in die Baar an. Das Soleheilbad **Bad Dürrheim** (11 700 Einw., 704 m) etwa liegt nur 7 km südöstlich. Der bedeutende Kurort profitiert von den 1822 in 130–200 m Tiefe entdeckten in Grundwasser gelösten *Salzstöcken*. So besuchen denn auch Jung und Alt das

TOP TIPP

1987 eröffnete Gesundheitszentrum **Solemar** (tgl. 9–22 Uhr, www.solemar.de). Architektonischer Blickfang der 2500 m² großen Badelandschaft ist das elegant geschwungene Holzkuppeldach des Hauptgebäudes. Man kann zwischen elf Innen- und Außenbecken mit unterschiedlichen Solekonzentrationen und Wassertemperaturen wählen. Außerdem wurde das Badezentrum im Jahr 2001 um die *Schwarzwald-Sauna* (Mo–Fr 10–22, Sa/So 9–22 Uhr, Di Damensauna) ergänzt.

Westlich des Solemar lädt der um das Gelände der Landesgartenschau von 1994 erweiterte **Kurpark Luisengarten** zu einem Spaziergang ein. Zwischen altem Baumbestand erfreuen ein Rosen- und ein *Klanggarten* Auge und Ohr. Am Westrand des Parks sind im **Narrenschopf** (Mo–Sa 14–17, So 10–17 Uhr, Mai–Okt. jeweils bis 17.30 Uhr, www.narrenschopf.de), einem historischen Salzspeicher, mehr als 400 Fasnachtskostüme aus allen wichtigen schwäbisch-alemannischen Narrenhochburgen ausgestellt.

Kultureller Mittelpunkt der Baar ist **Donaueschingen** (22 000 Einw.) am Zusammenfluss der beiden Donauquellflüsse Brigach und Breg. 1723 wurde die Stadt Residenz der Fürstenberger, die wesentliche barocke Akzente im Stadtbild setzten. In ihrem 1722 begonnenen, 1893–98 umgebauten **Fürstlich Fürstenbergischen Schloss** (Führungen Mai–Aug. tgl. 11 und 14 Uhr, www.fuerstenberg-kultur.de) sieht man prunkvolle Salons, die mit edlem Mobiliar, kostbaren Wandbehängen und Kunstgegenständen aus Renaissance und Barock ausgestattet sind. Hauptattraktion der Stadt ist jedoch die **Donauquelle**: Für die Stadtväter bringen nicht Brigach und Breg die Donau zuweg, sondern eine in der nordwestlichen Ecke des fürstlichen Parks entspringende Karstquelle. Die gefasste Quelle ziert seit 1896 eine Skulpturengruppe von Adolf Beer, in der die Baar allegorisch als Mutter an der Seite der jungen Donau dargestellt ist. Daneben ist die Pfarrkirche **St. Johann** mit ihrer Doppelturmfassade ein schönes Beispiel des böhmischen Barock. Sie wurde 1724–47 nach einem Entwurf des Prager Maximilian Kanka erbaut.

Gotische Stiftskirche aus rotem Backstein des ehem. Franziskanerklosters in Villingen

Barocke Prachtenfaltung – allein schon ein Spaziergang durch den weitläufigen Park um das Fürstlich Fürstenbergische Schloss lohnt den Besuch von Donaueschingen

Praktische Hinweise

Information

Tourist-Information, Rietgasse 2, VS-Villingen, Tel. 077 21/82 23 40, Fax 077 21/82 23 47, www.tourismus-vs.de. – Erzbergerstr. 20 (Bahnhof), VS-Schwenningen, Tel. 077 20/82 12 08, Fax 077 20/82 12 07

Nachtleben

Jazzclub, Webergasse 5, VS-Villingen, Tel./Fax 077 21/252 91, www.jazzclub-villingen.de. Fast jedes Wochenende und manchmal auch wochentags Live-Jazz mit deutschen und internationalen Jazz-Größen.

Hotel

****Bosse**, Oberförster-Ganter-Str. 9–11, VS-Villingen, Tel. 077 21/580 11, Fax 077 21/580 13, www.hotel-bosse.de. In sehr ruhiger Lage im Kurviertel am nördlichen Stadtrand werden 40 ansprechend möblierte Zimmer und eine 56 m² große Suite geboten. Der Hotelchef ist zugleich Koch und sorgt im hauseigenen Spezialitäten-Restaurant mit Leckereien wie Tafelspitz, Pilzvariationen und hausgemachter Entenleberterrine selbst für das leibliche Wohl der Gäste.

Restaurant

Ratskeller, Obere Str. 37, VS-Villingen, Tel. 077 21/40 47 84. Gut bürgerliche schwäbisch-badische Küche in einem 700 Jahre alten Stadttor.

23 Königsfeld

Herrnhuter Brüder gründeten den heute so beliebten Kurort, Albert Schweitzer wohnte hier.

Der heilklimatische **Kneippkurort** (2000 Einw.) liegt westlich von Villingen-Schwenningen 763 m hoch auf einem Schwarzwaldplateau. Die Stadt ist ganz von Wald umschlossen und zieht vor allem auf Ruhe bedachte Gäste an, welche die gepflegten *Kuranlagen*, gute *Wandermöglichkeiten* sowie den *18-Loch-Golfplatz* der Gemeinde zu schätzen wissen.

Für ein Schwarzwalddorf hat Königsfeld eine untypische Entstehungsgeschichte. Die Siedlung wurde 1804 von der *Herrnhuter Brüdergemeine* planmäßig um den zentralen **Zinzendorfplatz** im Schachbrettmuster angelegt. An dem Platz befindet sich das *Gemeinhaus* mit einem – charakteristisch für die Herrnhuter – ganz in weiß gehaltenen Kirchensaal. Aus der Gründerzeit prägen noch einige weitere spätbarocke Gebäude das Ortsbild. Im **Albert-Schweitzer-Haus** (www.albertschweitzer-haus.de, Fr/Sa 14–17, So/Fei 11-17 Uhr) in der Schramberger Straße 5 nördlich des Zinzendorfplatzes führt eine interessante Ausstellung in das Lebenswerk von *Albert Schweitzer* (1875–1965) ein. Der Arzt und Philosoph hatte das Haus 1923 für seine Familie erbauen lassen und lebte darin, wann immer er sich von der Arbeit in seinem Hospital in Lambaréné (Gabun) freimachen konnte. Über seine Aufenthalte in Königsfeld schrieb Schweitzer rückblickend als von der »schönsten Zeit meines Lebens«.

i Praktische Hinweise

Information

Tourist-Info, Friedrichstr. 5, Königsfeld, Tel. 077 25/80 09 45, Fax 077 25/80 09 44, www.koenigsfeld.de

Hotel

*****Schwarzwald Park Hotel**, Klimschpark, Königsfeld, Tel. 077 25/80 80, Fax 077 25/80 88 08, www.schwarzwald-park hotel.de. Das große Familien- und Sporthotel im Grünen bietet komfortable Zimmer und geräumige Apartments mit Platz für bis zu 6 Personen. Mit Hallenbad, Tennisschule und Kinderanimation.

24 Schramberg

Burgentrio über der Fünftälerstadt.

Beschaulich duckt sich das durch seine feinmechanische Industrie im 19. Jh. weithin bekannt gewordene **Uhrenstädtchen** in einen Talkessel. Die reizvolle Lage Schrambergs (19 800 Einw.) an der Einmündung von vier tief eingeschnittenen Tälern in das Schiltachtal zeigt sich am besten von einer der drei mittelalterlichen Burgruinen hoch über der Stadt. Als die **Befestigungen** noch intakt waren, bestimmten sie über Jahrhunderte die Geschichte der Herrschaft Schramberg. Zunächst entstand Mitte des 12. Jh. Burg *Falkenstein* über der südlichen Ortszufahrt. Der bis heute erhaltene aus Buckelquadern errichtete 18 m hohe wuchtige Bergfried von *Schilteck* am nördlichen Stadtausgang geht auf das 13. Jh. zurück. Und auf dem Schlossberg (635 m) westlich der Stadt wacht *Hohenschramberg*, das von der Mitte des 15. Jh. bis zu ihrer Zerstörung 1689 durch die Franzosen eine der größten Burganlagen Süddeutschlands war.

Unten im Tal bildet das **Schramberger Schloss** in der Bahnhofstraße den Mittelpunkt der Stadt. In dem von Graf Cajetan von Bissingen 1841–43 errichteten zweigeschossigen klassizistischen Bau dokumentiert das **Stadtmuseum** (Mai–Mitte Sept. Di–Fr 10–12, 14–18, Sa/So bis 17, Mitte Sept.–April Di–Fr 14–18, Sa/So 10–12, 14–17 Uhr) neben Aufstieg und Fall der Schramberger Burgen auch die Industriegeschichte der Stadt. Prunkstück der Sammlung ist eine gut 4 m hohe *Kunstuhr*, die anlässlich der Pariser Weltausstellung im Jahr 1900 im Auftrag der Schramberger Uhrenfabrik Junghans von dem Nürnberger Hofuhrmacher Gustav Speckhart konstruiert wurde.

Der rosafarbene Kirchturm südlich des Schlosses gehört zur Stadtkirche **St.-Maria**, in deren lichtem weiß gekalktem Innenraum die *Kegelladenorgel* (1844) des Ludwigsburger Orgelbauers Eberhard Friedrich Walcker (1794–1872) sehenswert ist. Zu hören ist das 1995 restaurierte Instrument am besten im Rahmen eines der regelmäßig stattfindenden Orgelkonzerte (Programmauskunft über die Stadtinformation).

In der **Falkensteiner Kapelle** (Mai–Mitte Sept. tgl. 9–19, sonst 10–17 Uhr) am südlichen Ortsausgang gilt die *Beweinungsdarstellung* Christi als ein kunsthistorisches Kleinod spätgotischer Schnitzkunst. Die um 1520 entstandene Skulptur wird dem Rottweiler Bildhauer Conrad Rötlin zugeschrieben.

Tollkühn trotzen wackere Kapitäne bei der winterlichen Da-Bach-Na-Fahrt von Schramberg den eiskalten Fluten der Schiltach

Romantik pur – und tatsächlich sind im lieblichen Gutachtal die rot behüteten ›Schwarzwaldmädle‹ zuhause

Eine besondere Attraktion ist jedes Jahr am Rosenmontag die **Da-Bach-na-Fahrt**. Dabei lassen sich ab etwa 13 Uhr Wagemutige in teils abenteuerlichen Behältnissen eine Strecke von rund 500 m die Schiltach hinabtreiben, ein Unterfangen, das oft genug mit einem unfreiwilligen Bad im Bach endet – unter großem Hallo der zahlreichen Zuschauer an den Ufern. Nach dem Spektakel findet ein Fasnetumzug mit Masken und Geschirr durch die Straßen von Schramberg statt.

Praktische Hinweise

Information

Stadt- und Bürgerinformation, Hauptstr. 25, Schramberg, Tel. 074 22/292 15, Fax 074 22/292 09, www. schramberg-tourismus.de

Hotel

******Parkhotel***, Bauernhofweg 25, Schramberg, Tel. 074 22/208 18, Fax 074 22/211 91, www.parkhotel-schramberg.de. Die repräsentative Gründerzeitvilla des Schramberger Uhrenbarons Erhard Junghans offeriert heute inmitten eines herrlichen Parks zwölf Komfortzimmer mit nostalgischem Flair.

25 Gutachtal

Das schöne Tal ist die Heimat der Bollenhüte und bietet ein Freilichtmuseum der Superlative.

Hornberg – Gutach – Freilichtmuseum Vogtsbauernhof

Die **Gutach** entspringt oberhalb des Städtchens Triberg, sucht sich von dort über die Triberger Wasserfälle ihren Weg hinab nach Hornberg und mündet weiter nördlich bei Hausach in die Kinzig. Besonders stimmungsvoll ist eine Fahrt mit

Ein Mann sieht rot – ganz im Sinne der ledigen Gutachtaler Bollenhutträgerinnen

der **Schwarzwaldbahn** durch das reizende klimatisch begünstigte Tal mit alten Schwarzwaldhöfen und lieblichen Streuobstwiesen, das übrigens auch die Heimat der berühmten **Bollenhuttracht** ist. Nur hier trugen unverheiratete junge Frauen die 14 auffälligen roten Wollkugeln auf dem Hut, die zum Wahrzeichen für den ganzen Schwarzwald wurden; verheiratete Frauen wechselten zu schwarzen Kugeln als Hutschmuck.

Zwischen Triberg und Hausach entstand vor rund 900 Jahren am Fuß einer mittelalterlichen Burg das Städtchen **Hornberg** (4500 Einw.), das heute den engen Talgrund ausfüllt. Bekannt wurde der Ort durch die Redensart vom **Hornberger Schießen**, was soviel heißt, wie dass eine Sache im Sande verlaufen ist. Der Hintergrund der Geschichte ist folgender: 1564 wollten die Hornberger ihren Herzog Ulrich von Württemberg und Baden-Durlach gebührend mit Böllerschüssen empfangen. Zuvor wurde reichlich geprobt und als der Herzog endlich eintraf, war das ganze Pulver verschossen. Die lautstarke Begrüßung fiel dennoch nicht ganz ins Wasser, denn die pfiffigen Hornberger sollen ihrem Herzog aus vollen Kehlen ein kräftiges ›Piff-paff!‹ zugerufen haben.

Der historische Vogtsbauernhof gab dem Freilichtmuseum bei Hausach seinen Namen

Das historische Ereignis wird jeden Sommer in einem **Freilichtspiel** auf der Erwin-Leisinger-Bühne im Storenwald nacherzählt. Weitere Details liefert das kleine heimatkundliche **Stadtmuseum** (April–Sept. jeden 1. Mi 10–12, jeden 2. So 10.30–12.30 und jeden 3. Sa im Monat 14–16.30 Uhr) des Historischen Vereins in der Werderstraße 15, in dem außerdem auch Interessantes über die Geschichte der Bollenhuttracht, über Holzschnitzerei und das Hornberger Steingutgeschirr zu erfahren ist. Von der ehemaligen **Burg** auf dem Schlossberg westlich über der Stadt blieb lediglich der 30 m hohe Bergfried erhalten, doch der kurze Spaziergang hinauf lohnt auch der schönen Aussicht wegen.

Die Gemeinde **Gutach** (2300 Einw.) wenige Kilometer nördlich von Hornberg ist für ihre pittoresken Schwarzwaldhöfe mit den charakteristischen Walmdächern bekannt, die ältesten von ihnen gehen bis ins 17. Jh. zurück. Im 19. Jh. zog die liebliche Gegend etliche Künstler an, unter ihnen Heimatmaler *Wilhelm Hasemann* (1850–1913) sowie Maler und Bildhauer *Curt Liebich* (1868–1937). Neben der Dorfkirche hinterließ Liebich seiner Wahlheimat ein viel beachtetes **Kriegerdenkmal**. Die 1923 enthüllte Skulptur auf einem Granitsockel zeigt eine trauernde Frau in Gutacher Tracht, den Bollenhut an den weiten Rock gelehnt.

Nahe der Mündung der Gutach in die Kinzig bei Hausach liegt am linken Ufer das **Freilichtmuseum Vogtsbauernhof** (April–Okt. tgl. 9–18, Juli/Aug. bis 19 Uhr, Führungen unter Tel. 078 31/935 60,www.vogtsbauernhof.org), das jährlich rund 300 000 Besucher anzieht. Auf 5 ha verteilen sich sechs Schwarzwaldhöfe und ein Tagelöhnerhaus. Sie geben in Architektur und Ausstattung aber auch in interaktiven Medienstationen einen einzigartigen Einblick in die Arbeits- und Lebenswelt der Schwarzwaldbauern. Als einziges Haus steht der namensgebende *Vogtsbauernhof* von 1570 an seinem angestammten Platz. Die anderen Gebäude aus dem 16. bis 18. Jh., etwa das Hotzenhaus aus dem Hotzenwald und das *Schauinslandhaus* aus der Freiburger Gegend, wurden an

Mit dem Zug über Berg und Tal

Sehr schön kann man den Schwarzwald mit der Bahn bereisen und entdecken. Bekannt ist etwa die Höllental-Bahn, die von Freiburg im Breisgau nach Hinterzarten führt [s. S. 95]. Gar als eine der reizvollsten Zugstrecken Deutschlands gilt die 149 km lange **Schwarzwaldbahn** zwischen Offenburg und Singen. Als 1873 nach 10-jähriger Bauzeit der Hauptabschnitt zwischen Hausach und Villingen eröffnet wurde, feierte man die **Großherzogliche Badische Schwarzwaldbahn** als technisches Meisterwerk. Sie war die erste Bergbahn der Welt, die auf relativ kurzer Distanz einen Höhenunterschied von fast 700 m überwand und so zum Vorbild für die Gotthard-Bahn in den Alpen und andere Hochgebirgstrassen wurde. Allein auf dem ›Filetstück‹ zwischen Hornberg und St. Georgen mussten 443 Höhenmeter bezwungen werden. Dazu bediente sich der Erbauer, der Karlsruher Ingenieur Robert Gerwig (1820–1885), eines genialen Tricks: Er erfand den **Kehrtunnel**, sozusagen eine Doppelschleife, mit der die Strecke bewältigt werden konnte.

Von Hausach führen die Schienen zunächst entlang der Gutach bergauf, um dann oberhalb des Flüsschens durch die Kehrtunnel von Niederwasser und Triberg und dem 1698 m langen Sommerautunnel ihren Scheitelpunkt auf 832 m Höhe zu erreichen. Insgesamt bedurfte es **39 Tunnels** sowie etlicher Brücken und Viadukte, deren größter der 150 m lange **Hornberger Viadukt** ist. Dabei hätte man alles viel unkomplizierter und billiger haben können, wäre die Trasse über Schiltach und Schramberg gelegt worden. Doch das war seinerzeit württembergisches Territorium und galt für das Großherzogtum Baden als Ausland.

Ausflug ins Höllental – Fahrt mit der Höllental-Bahn über den Ravenna-Viadukt

ihrem alten Standort abgetragen und im Museumsdorf wieder aufgebaut. Innen sieht der Besucher behaglich gestaltete Bauernstuben mit Kachelöfen und Schilderuhren, die Schlafkammern sind mit bemalten Bauernmöbeln eingerichtet, die Werkstätten sind voll funktionsfähig. Eine Hammerschmiede, traditionelle Speicher sowie eine Ölmühle und eine Backhütte komplettieren das Freilichtmuseum. Besonders lohnend ist der Besuch an den so genannten *Landfrauentagen* (jew. 1. Sa im Monat), an denen Trachten und Handwerk gezeigt sowie kulinarische Köstlichkeiten aufgetischt werden.

Praktische Hinweise

Information

Verkehrsamt Gutach, Hauptstr. 38, Gutach, Tel. 078 33/93 88 50, Fax 078 33/93 88 11, www.gutach-schwarzwald.de

Tourist-Information Hornberg, Bahnhofstr. 3, Hornberg, Tel. 078 33/793 44, Fax 078 33/793 29, www.hornberg.de

Hotels

****Adler**, Hauptstr. 66, Hornberg, Tel. 078 33/93 59 90, Fax 078 33/93 59 95 06, www.hotel-adler-hornberg.de. Die 19 Gästezimmer des hübschen Fachwerkhauses sind komfortabel möbliert, in der heimeligen Gaststube kommt vornehmlich Regionalküche auf den Tisch.

***Rommelehof**, Ramsbachweg 69, Gutach, Tel. 078 33/65 40, Fax 078 33/95 95 04, www.rommelehof.de. Das typische Schwarzwaldhaus mit drei einfachen Gastzimmern bietet kinderfreundliche Ferien auf dem Bauernhof.

Winterzauber der Triberger Wasserfälle, unwirklich weiß umrahmt von Eis und Schnee

26 Triberg

Deutschlands höchste Wasserfälle und die beiden größten Kuckucksuhren.

Die gleichnamigen Wasserfälle machten das reizvoll im Tal der Gutach gelegene Triberg (6000 Einw.) zu einem der bekanntesten Ausflugsziele im Schwarzwald. Viel Rummel herrscht in dem **Kurort** zur sommerlichen Hochsaison, wenn Besucher aus aller Welt die Terrassenlokale bevölkern und in den Souvenirläden nach Kuckucksuhren und Bollenhüten Ausschau halten.

Geschichte Der Ort Triberg wurde erstmals 1239 urkundlich erwähnt. Aus einer **Burg** der Herrschaft von Hornberg entwickelte sich ein Städtchen, das seine damaligen Besitzer, die Grafen von Hohenberg 1355 an das Haus Habsburg verkauften. Wegen chronischem Geldmangel verpfändeten die Österreicher ihren Schwarzwälder Besitz mehrmals, wobei die Untertanen ständig unter der brutalen **Willkürherrschaft** der Landvögte zu leiden hatten. Nach dem Preßburger Frieden von 1805 fiel Triberg im Jahr darauf als Amtsbezirk an das neu geschaffene Großherzogtum Baden. Etwa zur selben Zeit begann man, die spektakulären Wasserfälle im Bergwald am Stadtrand durch einen gesicherten Weg zu erschließen.

Die Inbetriebnahme der **Schwarzwaldbahn** 1873 leitete Tribergs Aufstieg zu einem international bekannten Ferienort ein. Einer der berühmtesten Gäste war 1922 der spätere Nobelpreisträger *Ernest Hemingway* (1899–1961), der in der Kurzgeschichte ›Schnee auf dem Kilimandscharo‹ (1925) seine Triberger Zeit literarisch einfließen lässt. Seit 1969 ist das Städtchen anerkannter heilklimatischer Kurort.

Besichtigung Das heutige Ortsbild geht im Wesentlichen auf den Wiederaufbau nach einem verheerenden Brand von 1826 zurück, bei dem Triberg fast komplett in Asche versank. Das auffälligste Gebäude an der von Andenkengeschäften und Gasthöfen gesäumten Hauptstraße ist das klassizistische **Rathaus** von 1829. Den kiefernholzgeschnitzten Rathaussaal (Mo–Do 9.30–12, 14–16, Fr 9–12 Uhr) im 1. Stock schuf der einheimische Holzschnitzer *Karl Josef Fortwängler* (1876–1960). Neben Darstellungen alter Handwerksberufe und einem Tierfries mit einem balzenden Auerhahn sind darauf auch gnomenhaft in den Saal schauende Gesichter zu sehen.

Mit mehr als einer halben Million Besuchern pro Jahr sind die **Triberger Wasserfälle** eine der Top-Attraktionen des Schwarzwalds. In sieben Fallstufen stürzt sich die Gutach in einem im Laufe von 200 Mio. Jahren ausgewaschenen steilen Bett über moosbewachsene Granitfelsen insgesamt 163 Höhenmeter talwärts. Der Haupteingang des gesicherten Areals am südlichen Stadtrand liegt an der B 500. Von hier aus führen drei Wege bergan: *Natur-*, *Kultur-* und der von hochstämmigen Fichten eingerahmte *Kaskadenweg*, von dem aus sich das Naturschauspiel hautnah erleben lässt. Besonders beeindruckend sind die Wasserfälle nach der Schneeschmelze im Frühjahr und Ende Juli, wenn die Szenerie abends von einem prächtigen Feuerwerk illuminiert wird (genaue Termine können über die Touristeninformation erfragt werden). An den Wegen machen Informationstafeln mit der heimischen Pflanzen- und Tierwelt bekannt.

Vom Haupteingang erreicht man über die B 500 stadtauswärts das sehenswerte

Schwarzwaldmuseum (Di–So 10–17 Uhr, www.schwarzwaldmuseum.de). In einer Gewerbehalle von 1873 wird auf 1600 m² typisches Schwarzwälder Brauchtum (Trachtenkostüme, Fastnachtsmasken) und Handwerk (Werkstätten der Uhrmacher, Schnitzer und Strohflechter) vorgestellt. Besonderer Stolz des Museums ist die in einem Anbau untergebrachte Sammlung mechanischer Musikinstrumente mit Drehorgeln, Orchestrien und Spieldosen aus dem 19. und 20. Jh.

Folgt man der B 500 weiter Richtung Schönwald, erreicht man oberhalb der Stadt das Wallfahrtskirchlein **Maria in der Tanne**. Der Ursprung der Wallfahrt geht auf eine Begebenheit im Jahr 1644 zurück, als die siebenjährige Barbara Franz durch das Wasser einer nahe gelegenen Quelle von einem Augenleiden geheilt worden sein soll. Anstelle einer ersten einfachen Holzkapelle erhebt sich heute inmitten des Waldes eine 1699–1705 erbaute spätbarocke Kirche mit einem von einer Zwiebelhaube abgeschlossenen achteckigen Turmaufsatz. Von der Ausstattung ist vor allem der Hochaltar des Villinger Bildhauers Anton Joseph Schupp beachtenswert. Neben der Kirche gilt das 1697 im Fachwerkstil errichtete hübsche *Mesnerhäuschen* als das älteste Profangebäude von Triberg.

Ausflüge

Der 865 m hoch gelegene Luftkurort **Schonach** (4500 Einw.) 5 km nordwestlich von Triberg hat sich in den letzten Jahrzehnten zu einem bedeutenden

Eine historische Uhrmacherwerkstatt gehört zum Schwarzwaldmuseum von Triberg

Als ›Heil der Kranken‹ preist diese Altarfigur die Kirchenpatronin von Maria in der Tanne

Wintersportplatz entwickelt. Skilangläufern ist vor allem der 100 km lange **Fernskiwanderweg** von Schonach über den Brend (1149 m) zum Belchen (1414 m) ein Begriff und auf der Langenwaldschanze trifft sich regelmäßig die internationale Elite der Nordischen Kombinierer. Am Ortseingang von Schonach weist ein Schild zur zweitgrößten **Kuckucksuhr** (tgl. 9–18 Uhr) der Welt, die der Uhrmacher Josef Dold und seine Familie 1980/81 im Maßstab 50 : 1 bauten. Die in einem kleinen Schwarzwaldhaus (Untertalstr. 28) untergebrachte Riesenuhr verfügt über ein 3,60 x 3,10 m großes Uhrwerk.

Die weltgrößte Kuckucksuhr befindet sich nur wenige Kilometer entfernt im **Eble Uhren-Park** (Ostern–Okt. Mo–Sa 9–18, So 10–18, Nov.–Ostern Mo–Sa 9–18, So 11–16.30 Uhr) an der B 33. Mit 4,50 x 4,50 m übertrifft das Uhrwerk aus Lindenholz die Maße der Schonacher Konkurrenz noch um ein gutes Stück, der 100 kg schwere Pendel ist mit Kette beachtliche 8 m lang.

Wer wissen will, wo alles angefangen hat, kann **Schönwald** (2500 Einw.) besuchen, in 1000 m Höhe 6 km südlich von Triberg gelegen. In einer kleinen Werkstatt soll dort 1737 der Uhrmacher *Franz Anton Ketterer* die Kuckucksuhr erfunden haben. Mit Skischanze, Rodelbahn, Biathlonanlage, einer Halfpipe für Snowboarder und zwei Skilifts verfügt der heilklimatische **Kurort** aber auch über eine gute Infrastruktur für **Wintersportler**. Im Sommer sind die beiden Ursprünge der Donau, die *Brigachquelle* im Westen (4 km) und die *Bregquelle* im Osten (5 km) sowie die beiden Aussichtstürme auf dem Brend (1150 m) und Stöcklewald (1067 m) beliebte Wanderziele.

Das 11 km östlich von Triberg im Tal der noch jungen Brigach gelegene **St. Georgen** (14 000 Einw.) galt bis in die 1970er-Jahre hinein als Zentrum der deutschen Phonoindustrie. Entsprechend lohnt im Rathaus das *Deutsche Phonomuseum* (Mo–Fr 9–12.30, 14–17, Do bis 18, Mai–Sept. auch Sa 10–12 Uhr) einen Besuch. Annähernd 50 Exponate, darunter zahlreiche Raritäten und Kuriositäten, demonstrieren nahezu lückenlos die Entwicklung der mechanischen Tonaufzeichnung und Wiedergabe, angefangen vom 1877 von Thomas Edison erfundenen Phonographen über das Grammophon bis hin zu modernen Plattenspielern. Seit 2006 kann St. Georgen zudem mit einem bedeutenden Museum für Gegenwartskunst aufwarten: Der **Kunstraum Grässlin** (www.sammlung-graesslin.eu, Do 17–21, Sa, So 12–18 Uhr) präsentiert in einem Neubau in der Museumsstraße 2 sowie in zehn über das Stadtgebiet verteilten *›Räumen für Kunst‹* die umfangreiche Sammlung der Familie Grässlin. Zu sehen sind u. a. Werke von Werner Büttner, Martin Kippenberger und Tom Burr.

Der Sonne entgegen – auf den Pisten in und um Triberg sind Snowboarder gern gesehen

Praktische Hinweise

Information

Tourist-Information, Wallfahrt-Str. 4, Triberg, Tel. 077 22/86 64 90, Fax 077 22/86 64 99, www.triberg.de.

Tourist-Information, Hauptstr. 6, Schonach, Tel. 077 22/96 48 10, Fax 077 22/25 48, www.schonach.de

Sport

DSV-Skischule, Haus des Gastes, Hauptstr. 6, Schonach, Tel. 077 22/96 48 10 (Tourist-Information). Alpin- und Langlaufkurse des Deutschen Skiverbandes, auf Wunsch auch Privatstunden.

Vier-Schanzen-Wanderung, Vom Parkplatz Weißbacher Höhe führt ein Wanderweg über zwei Routen von 14 km bzw. 18 km zu den Obertal-, Langenwald-, Adler- und Kohlheppschanzen.

Einkaufen

Eble Uhren-Park, Schonachbach 27 (an der B 33 zwischen Triberg und Hornberg), Triberg, Tel. 077 22/962 20, www.uhren-park.de. Der Schwarzwälder Traditionsbetrieb bietet auf 1000 m² Verkaufsfläche eine riesige Auswahl an Kuckucks-, Stand- und Wanduhren.

Hotels

TOP TIPP ****__Parkhotel Wehrle__, Gartenstr. 24, Triberg, Tel. 077 22/860 20, Fax 077 22/86 02 90, www.parkhotel-wehrle.de. Das renommierte Haus blickt auf eine fast 400-jährige Geschichte zurück. Die 50 Komfortzimmer, alle mit Fax- und Internetzugang, verteilen sich auf das Hauptgebäude mit altem Fachwerkteil sowie eine Parkvilla und ein modernes Gästehaus im 4000 m² großen Garten. Im viel gelobten À-la-carte-Restaurant ›Ochsenstube‹ werden frische Forellen serviert. Besonders schön sitzt man im Parkcafé unter dem großen Mammutbaum.

***__Zum Ochsen__, Ludwig-Uhland-Str. 18, Schönwald, Tel. 077 22/86 64 80, Fax 077 22/866 48 88, www.ochsen.com. Das Wellness- und Sporthotel liegt inmitten einer großzügigen Parklandschaft und verfügt über 31 stilvoll dekorierte Zimmer und sieben geräumige Suiten. Zum Haus gehören Hallenbad, Sauna, Beautyfarm sowie ein Tennisplatz und ein 9-Loch-Golf-Parcours. Mit Restaurant in wunderschönem Wintergarten.

Ein besonders schönes Stück im Deutschen Uhrenmuseum von Furtwangen ist die 1880–85 von August Noll gefertigte Kunstuhr, die weitaus mehr verrät als nur die Zeit

****Bergfriede**, Schillerstr. 2, Schonach, Tel. 077 22/92 04 40, Fax 077 22/92 04 42, www.bergfriede.de. Kleine Pension mit acht gemütlichen Zimmern oberhalb des Ortes am Ausgangspunkt von Wanderwegen und Loipen.

Restaurant

Pfaff, Hauptstr. 85, Triberg, Tel. 077 22/ 55 55. Das Traditionslokal am Aufgang zu den Wasserfällen offeriert gepflegte Schwarzwälder Küche, vor allem Forellen und Wildgerichte. Im Sommer lädt die Caféterrasse ein (Winter Mi geschl.).

27 Furtwangen

Früheres Zentrum der Uhrenindustrie im mittleren Schwarzwald.

Schon im 12. Jh. machten Mönche des Klosters St. Georgen die Talsenke der Breg urbar, des Hauptquellflusses der Donau, in der sich heute die kleine unspektakuläre **Industriestadt** Furtwangen (10 000 Einw.) ausbreitet. Begünstigt durch eine um 1850 gegründete Uhrmacherschule (heute Fachhochschule), avancierte der Ort im 19. Jh. zu einem Zentrum der deutschen Uhrenherstellung. Nach dem Zweiten Weltkrieg lösten feinmechanische und elektrotechnische Betriebe die Uhrenfabriken ab. Geblieben ist Furtwangen eine großartige Uhrensammlung, die bereits 1852 von Robert Gerwig (1820–1885), dem Erbauer der Schwarzwald- und Höllentalbahn, begründet worden war. Das **Deutsche Uhrenmuseum** (April–Okt. tgl. 9–18, Nov.–März 10–17 Uhr, www.deutsches-uhrenmuseum.de) am Robert-Gerwig-Platz ist eines der größten seiner Art in Deutschland und stellt auf 1400 m^2 mehr als 5000 Uhren aus. Angefangen von einfachen Sanduhren über prunkvolle Renaissanceuhren bis hin zu Präzisionschronometern und ultramodernen Atomuhren wird das ganze Spektrum der Zeitmessung abgedeckt. Einen Schwerpunkt stellen naturgemäß die Schwarzwalduhren. Zu den Raritäten gehören eine *Lackschilderuhr* (um 1840) und eine *Flötenuhr* (Mitte des 19. Jh.) mit 14 beweglichen Figuren auf bemaltem Blechschild. Als technische Meisterleistung des 18. Jh. gilt eine vom Benediktinermönch Thaddäus Rinderle aus dem nahen St. Peter konstruierte *astronomische Weltzeituhr* (um 1787).

Verlässt man Furtwangen auf der B 500 in Richtung Hinterzarten, lohnt kurz vor dem höchsten Punkt der Straße an der *Kalten Herberge* ein Abstecher zur **Hexenlochmühle** (April–Okt. tgl. 9.30–18, Mitte Dez.–März Do–Di 10–17 Uhr, www.hexenlochmuehle.de). Mit seiner Schindelfassade und zwei großen Mühlenrädern präsentiert sich die fotogene Schwarzwaldmühle von 1825 wie aus dem Bilderbuch. Das Wasser des

Ein beliebtes Ausflugsziel ist die romantisch gelegene Hexenlochmühle

Heubaches trieb noch bis ins 20. Jh. hinein eine Kreissäge in der Holzmühle an. Heute stellt der kleine Familienbetrieb Uhrengehäuse in Handarbeit her und betreibt ein großes Andenkengeschäft, in dem u. a. eine schöne Auswahl an Kuckucks- und Schilderuhren, geschnitzte Weihnachtskrippen und kulinarische Spezialitäten aus dem Schwarzwald angeboten werden.

Ein viel besuchtes Wanderziel ist der **Balzer Herrgott**, eine Wegstunde nordwestlich von der Hexenlochmühle im Quellgebiet der Wilden Gutach. Im Stamm einer alten Buche ist ein aus Sandstein gehauener Christuskörper fast völlig eingewachsen, sodass nur noch das Antlitz in knapp 2 m Höhe aus dem Baum herausschaut. Eine der vielen sich widersprechenden Geschichten über die Herkunft der Skulptur besagt, dass der steinerne Herrgott um das Jahr 1800 von einem Bauer namens Balzer in Erfüllung eines Gelübdes gefertigt worden sei. Eine andere erzählt, Hugenotten hätten die Figur auf der Flucht aus Frankreich an dem steilen Hang liegen lassen, wo sie wundersamerweise am und im Baum festgewachsen sein soll.

Praktische Hinweise

Information

Tourist-Information, Lindenstr. 1, Furtwangen, Tel. 07723/92950, Fax 07723/929520, www.furtwangen.de

Hotel

***Michelhof**, Linach 9, Furtwangen-Linach (6 km südöstl. von Furtwangen), Tel./Fax 07723/7420. Familiär geführter Schwarzwaldhof in herrlicher Alleinlage mit sieben einfach eingerichteten Zimmern, Tischtennisraum und Sauna im Haus. Kleiner Campingplatz anbei.

Restaurant

Kalte Herberge, Urachtal Str. 50 (an der B 500 zwischen Furtwangen und Hinterzarten), Vöhrenbach/Urach, Tel. 07723/7389. Passend zur rustikal-gemütlichen Gaststube wird bodenständige Küche geboten. Der urige Gasthof liegt übrigens genau auf der Europäischen Wasserscheide: Das Regenwasser aus der vorderen Dachrinne soll der Donau zufließen, das aus der hinteren dem Rhein (Nov.–Weihnachten geschl.).

Traulich wachen die barocken Zwillingstürme der einstigen Klosterkirche St. Peter über das gleichnamige Dorf

Schwarzwälder Präzision

Geburtsstunde und -ort der Schwarzwalduhr lassen sich weder exakt datieren noch lokalisieren. Es dürfte um das Jahr 1640 gewesen sein, als man im Raum Furtwangen die erste **Holzuhr** herstellte. Selbst die Zahnräder waren zunächst aus dem Material, das in den Wäldern in Hülle und Fülle verfügbar war. Die Schwarzwälder erwiesen sich als ausgesprochen innovative Tüftler und ließen bald Waag-, Schilder- und Flötenuhren folgen, darunter auch so manches kuriose Modell, etwa die **Metzgeruhr**, bei der zu jeder vollen Stunde ein Schlachter einen Ochsen erschlägt.

Uhrenträger zogen mit Wanderstock und der geschulterten ›Krätze‹, einem mit Uhren voll bepackten Tragegestell, von ihren Heimatdörfern aus über Land und machten ihre Ware in ganz Europa bekannt. Der Erfolg der Schwarzwalduhr beruhte neben dem erschwinglichen Preis auf ihrer Doppelfunktion: Sie war nicht nur ein verlässliches Instrument zur Zeitmessung, sondern durch die von Hand gemalten Lackschilder und das ausgefallene Design vor allem ein dekoratives Schmuckstück.

Zum Klassiker schlechthin avancierte die **Kuckucksuhr**, die bis heute in alle Welt exportiert wird. Als ihr Erfinder wird der Schönwalder Franz Anton Ketterer gehandelt, der das erste Exemplar um das Jahr 1737 entworfen haben soll.

Es muss nicht immer mit Kuckuck sein, auch wenn eine Schwarzwalduhr ›adelt‹

Charakteristisch für den Bestseller ist das einem Bahnwärterhäuschen nachempfundene Gehäuse, die an langen Uhrenketten hängenden gegossenen Tannenzapfen zum Aufziehen des Uhrwerks sowie der hölzerne Kuckuck, für den sich zur vollen Stunde das kleine Tor über dem Ziffernblatt öffnet und der dann seinen unverwechselbaren Ruf erschallen lässt. Um seine **Nachtruhe** muss man übrigens trotz Kuckucksuhr im Wohnzimmer nicht fürchten, kann man den Stundenruf doch nachts abstellen.

28 St. Peter

Klosterort mit gelebtem Brauchtum.

In dem kleinen **Luftkurort** St. Peter (2400 Einw.) am Südhang des Kandel wird Tradition noch groß geschrieben. An kirchlichen Feiertagen kleidet man sich gerne festlich in Tracht. Der **Schäppel**, ein aus Glasperlen und Spiegelchen gefertigter kronenartiger Kopfschmuck für die Damenwelt, sucht im ganzen Schwarzwald seinesgleichen. Und auch Trachtenkapelle und Tanzgruppe von St. Peter mangelt es nicht an Nachwuchs.

Wie auf eine große Wiese gestreut nehmen sich die Häuser des Schwarzwalddorfes aus. In loser Ordnung gruppieren sie sich um die ehem. **Benediktinerklosterkirche St. Peter**. Die Zähringer hatten die Abtei im Jahr 1093 als Hauskloster und Grablege erbauen lassen, doch brannten die Gebäude im Lauf der Jahrhunderte gleich viermal ab. Das heutige opulente Erscheinungsbild der ehem. Stiftskirche St. Peter, heute **Pfarrkirche** des gleichnamigen Ortes, entstand 1724–27 nach einem Entwurf des Vorarlbergers Peter Thumb, der als einer der begnadetsten Baumeister des deutschen Barock gilt. Typisch für seinen Stil ist die zweitürmige Westfront, hier mit zierlichen patinagrünen Zwiebeldächern. Der Kircheninnenraum präsentiert sich als geräumige Wandpfeilerhalle mit einer Emporengalerie über den Seitenkapellen. Decken und Wände sind reich mit Stuckaturen und kleinteiligen Gemälden

Höhepunkte in weiter Landschaft sind die Türme der Klosterkirche von St. Märgen ▷

ausgestattet. An den Wandpfeilern sind die goldverzierten Statuen der Zähringerherzöge von Joseph Anton Feuchtmayr beachtenswert.

Ein Juwel des Rokoko ist der **Bibliothekssaal** im angrenzenden einstigen Klostergeviert. 1751 malte Benedikt Gambs die gewölbte Decke vollständig aus. Die zwölf allegorischen Figuren auf der eleganten Balustrade versinnbildlichen die Künste und Wissenschaften. Sie entstanden nach Modellen von Christian Wentzinger und sind eine Arbeit des Neukircher Bildhauers Matthias Faller.

Barockkirche und Rokoko-Bibliothek sind nur im Rahmen einer **Führung** zu besichtigen (So 11.30, Di 11, Do 14.30 Uhr). In den Sommermonaten finden im Klosterhof **Kurkonzerte** (Juli–Sept. So 11 Uhr), manchmal bereichert um *Trachtentanzaufführunge*, statt.

Ausflüge

Von St. Peter windet sich eine kurvige Straße über einen aussichtsreichen Höhenrücken nach **St. Märgen** (1900 Einw.) in 900 m Höhe hinauf. Der Luftkurort und Wintersportplatz entstand aus der von lothringischen Augustinerchorherren gegründeten *Cella Sanctae Mariae* und entwickelte sich dank eines mitgebrachten Marienbildes zu einem Wallfahrtsort. Dem Kloster selbst war jedoch kein Glück beschieden: Zwei der Äbte fanden in den Jahren 1355 und 1401 einen gewaltsamen Tod und die Stiftskirche samt Konventsgebäuden brannte wie-

Hort des Wissens – der in zierlichem Rokokostil gestaltete Bibliothekssaal des einstigen Benediktinerklosters St. Peter birgt bibliographische Schätze aus vier Jahrhunderten

derholt ab, letztmalig 1907 durch Blitzschlag. Dabei war auch die Wallfahrtskirche **St. Maria** zerstört worden. Doch noch im gleichen Jahr begann man mit dem originalgetreuen Wiederaufbau des Gotteshauses, dessen barocke Zwillingstürme mit Kuppelhelmen das Wahrzeichen von St. Märgen sind. Wie durch ein Wunder war bei dem Brand das lothringische Gnadenbild, eine sitzende Madonna aus dem 12. Jh., erhalten geblieben. Das *Klostermuseum* (Führungen So 11 Uhr, Mai–Okt. auch Mo/Mi/Fr 10 Uhr) zeigt neben sakraler Kunst und Hinterglasmalerei einige sehenswerte Schwarzwalduhren, darunter eine hölzerne Waaguhr (1680) der Gebrüder Georg und Matthias Krentz.

Westlich von St. Peter führt die *Badische Weinstraße* ins **Glottertal** hinab. Es ist das wohl berühmteste Tal des Schwarzwalds, Schauplatz der ›Schwarzwaldklinik‹, einer der erfolgreichsten deutschen TV-Produktionen. Mitte der 1980er-Jahre verstopften regelmäßig Ausflugsbusse das Glottertal und den gleichnamigen Ort, ganze Heerscharen von Touristen bewegten sich auf den Spuren von ›Prof. Brinkmann‹ und wollten einen Blick auf den Originalschauplatz werfen. Ein bisschen enttäuscht waren viele Schaulustige dann aber schon, denn die Klinik ist ein Reha-Zentrum für Kinder, das nicht zur Besichtigung offen steht. Aber die turbulenten Zeiten sind längst vorbei, wer heute das Tal besucht, kommt wegen seiner unbestreitbaren landschaftlichen Reize: Vom Kandel (1243 m) überragt liegen im oberen Talabschnitt stattliche Schwarzwaldhöfe inmitten von Blumenwiesen, im unteren Bereich ziehen sich Rebgärten die Hänge hinauf. Aus dem Rebensaft wird hier der süffige *Glottertäler Weißherbst* gekeltert.

i Praktische Hinweise

Information

Tourist Information, Klosterhof 11,
St. Peter, Tel. 076 60/91 02 24,
Fax 076 60/91 02 44,
www.st-peter-schwarzwald.de

Hotel

******Jägerhaus***, Mühlegraben 18, St. Peter, Tel. 076 60/940 00, Fax 076 60/94 00 14, www.hotel-jaegerhaus.de. Sympathisches Haus in ruhiger Ortsrandlage, die 18 behaglichen Zimmer sind im Landhausstil ausgestattet. Entspannen kann man sich in der sehr schönen Sauna. Es gibt eine hauseigene Minigolf- und Kegelbahn sowie eine Reitgelegenheit.

Restaurant

Zur Sonne, Zähringer Str. 2, St. Peter, Tel. 076 60/940 10. In dem hellen großen Gastraum wird eine gelungene Mischung aus Haute Cuisine und badischer Regionalküche geboten, Spezialitäten sind mariniertes Zicklein oder in Trüffelsud geschmorte Taube. Das michelingeadelte Küchenteam gibt seine Kompetenz in Kochkursen weiter (Mo geschl.).

Hochschwarzwald – stille Täler und lebhafte Badeseen am Fuß des Feldbergs

Der Hochschwarzwald ist sozusagen das Dach des Mittelgebirges, das mit dem **Feldberg** (1493 m) seine höchste Erhebung erreicht. Am Fuß des bei Wanderern und Skifahrern gleichermaßen beliebten aussichtsreichen Gipfels liegen zwei malerische Bergseen, an deren Ufer sich vor allem im Sommer der Ausflugsverkehr konzentriert. Während der **Titisee** seine Entstehung einem eiszeitlichen Gletscher verdankt, ist der etwa vier mal so große **Schluchsee** von Menschenhand aufgestaut. Der gleichnamige Kurort Schluchsee entpuppt sich in der Saison als lebhaftes Wassersportzentrum, in dem Badegäste ebenso auf ihre Kosten kommen wie Surfer, Segler und Taucher. Eine gute Adresse für Wintersportler ist das Skidorf **Hinterzarten**, dessen Skiklub schon so manches Ski-As und gar Olympiasieger hervorgebracht hat.

29 Schluchsee

Viel besuchte Sommerfrische mit heimeligem Schwarzwaldmuseum.

Dem 930 m hoch gelegenen **Schluchsee** sieht man kaum mehr an, dass er ein **Stausee** ist, Wälder und grüne Wiesen reichen fast ganz heran, die Uferzonen und Strände fallen stellenweise sanft zum Wasser hin ab. Ursprünglich befand sich hier bei Seebrugg an den östlichen Ausläufern des Feldberges ein etwa 3 km langer, von dem Bergflüsschen Schwarza gespeister **Natursee**. Von 1929–32 baute man im südlichen Bereich des Schwarzatales einen 63,5 m hohen Damm, der den Fluss auf eine Länge von 8 km sowie eine durchschnittliche Breite von 1,2 km aufstaute. So entstand der Schluchsee, heute mit einer Oberfläche von 5,19 km^2 der größte Schwarzwaldsee.

Für viele Besucher ist er auch der schönste. Der Aufstieg des Schluchsees zu einer beliebten Sommerfrische setzte Mitte des 19. Jh. ein, als englische Sportangler ihn als Erholungsgebiet entdeckten. Mit dem Bau einer *Seestraße* (1872) und der Eröffnung der *Drei-Seen-Bahn* (1926) wurden die verkehrstechnischen Voraussetzungen geschaffen, die den **Schluchsee-Ort** am Ostufer des gleichnamigen Wassers mit heute 2500 Einwohnern und 4200 Gästebetten zu einem der bedeutendsten Ferienzentren im Schwarzwald machten. Seit 1974 darf sich das Städtchen auch **heilklimatischer Kurort** nennen.

In den Sommermonaten herrscht hier, im **Wassersportzentrum** des Schwarzwaldes, Hochbetrieb. Bei Groß und Klein beliebt ist *Aqua Fun* (Pfingsten – Sept. tgl. 9–19 Uhr), ein Erlebnisbad am südlichen Ortsausgang mit großer Liegewiese direkt am Seeufer. Hauptattraktion ist eine 75 m lange Riesenrutsche, auf der man in einen Strömungskanal gleiten kann. Segler und Surfer finden durch die wechselhaften Winde im Ortsteil **Aha** im nordwestlichen Seebereich ein optimales Revier vor, getaucht wird vor allem in **Seebrugg** an der Südspitze. Ruder-, Tret-, Elektro- oder Segelboote kann man u. a. am Strandbad Schluchsee und in Aha mieten.

Direkt am Wasser beginnen zahlreiche **Wanderwege**, davon 60 km gespurte Winterwanderwege, die zu ausgedehn-

◁ **Oben:** *Titisee, Perle des Schwarzwalds am gleichnamigen See zu Füßen des Feldbergs*
Unten: *Weit schweift der Blick über schneebedeckte Schwarzwaldhöhen zum Feldberg*

Wanderer genießen ihre Rast am Ufer des klaren Schluchsees

ten Touren in die Umgebung einladen. Sehr beliebt sind zum Beispiel die Seeumrundung (18 km), der Weg ins Fischbachtal (11 km) oder der Aufstieg zum Feldberger Hof (14 km) auf dem gleichnamigen Ausflugsberg, von dem man mit Bus und Bahn bequem zurück nach Schluchsee kommt.

Ausflug

Als Ausflugsziel bietet sich das **Heimatmuseum Hüsli** (April–Sept. Di–Sa 9.30–12, 13.30–17, So 13.30–17.30 Uhr, Okt.–März Di–Sa 10–12, 13.30–17, So 13.30–17 Uhr) in **Grafenhausen-Rothaus** 6 km südöstlich von Schluchsee an. Das 1912 erbaute hübsche Schwarzwaldhaus wurde als Drehort zur TV-Serie ›Die Schwarzwaldklinik‹ (Wohnhaus von Professor Brinkmann) weit über den deutschsprachigen Raum hinaus bekannt und zog zur Zeit der Ausstrahlung der Sendung in den 1980er-Jahren annähernd 2000 Besucher täglich an. Die Stuben mit bemalten Decken, alten Fußböden, Wandschränken und Kachelöfen sind mit Bauernmöbeln ausgestattet und beherbergen eine von der ehemaligen Besitzerin, der Konzertsängerin Helene Siegfried (1867–1966) zusammengetragene Sammlung an Schnitzereien, Porzellan und Hinterglasmalereien.

i Praktische Hinweise

Information

Tourist-Information, Fischbacher Str. 7, Schluchsee, Tel. 076 56/77 32, Fax 076 56/77 59, www.schluchsee.de

Schiff

Thomas Toth, Dresselbacherstr. 7, Schluchsee, Tel. 076 56/92 30, www.seerundfahrten.de. Ab Strandbad Schluchsee legt der ›Nikolausdampfer‹ je nach Bedarf mehrmals täglich zu einstündigen Seerundfahrten ab (Mai–Okt.). Weitere Anlegestellen sind Aha, Staumauer und Seebrugg.

Sport

Segel- und Surfschule Schluchsee, direkt am Bootssteg, Schluchsee-Aha, Tel./Fax 076 56/3 66, Mobiltel. 01 71/753 21 11, www.sbo.de/pohl. Kompaktkurse zum Erwerb des amtlichen Sportbootführerscheines Binnen für Segelboote (Mai–Sept.). Außerdem Segelbootverleih, Windsurfkurse und Verleih von Boards und Neoprenanzügen.

Tauchschule Lang, Seebrugg 14, Seebrugg, Tel. 077 51/44 85, Fax 077 51/703 87, www.tauchsport-lang.de. Tauchbasis mit erfahrenen Lehrkräften bietet Kurse für Kinder, Anfänger und Fortgeschrittene an. Mit Ausrüstungsverleih und angeschlossenem Tauchladen.

Hotels

****__Sporthotel Auerhahn__, Vorderaha 4, an der B 500, Schluchsee-Aha, Tel. 076 56/974 50, 076 56/92 70, www.auerhahn.net. Das vorzügliche Wellness-Hotel besticht auch durch die die marktfrische Vollwertküche, für die überwiegend regionale Zutaten aus der ökologischen Landwirtschaft verwendet werden.

***Vier Jahreszeiten, Am Riesenbühl, Schluchsee, Tel. 076 56/7 00, Fax 076 56/ 703 23, www.vjz.de. Mit 450 Betten ist die schön am Waldrand gelegene Anlage eine der größten im Schwarzwald. Geboten werden u. a. Wellness- und Kurabteilung, Hallenbad, Fitness-Studios und Disco. Für die Kids stehen ein Kindergarten und ein Animationsteam bereit.

***Hotel Mühle, Unterer Mühlenweg 13, Schluchsee, Tel. 076 56/209, Fax 076 56/ 98 21 92, www.muehle-schluchsee.de. In dem hübschen Schwarzwaldhaus in ruhiger Ortsrandlage werden 10 gemütliche Zimmer vermietet. Mit rustikaler Gaststube und großer Sonnenterrasse.

30 Titisee-Neustadt

Turbulentes Seebad im Herzen des Hochschwarzwaldes.

Die reizvolle Lage am östlichen Fuß des Feldbergs zieht an warmen Sommertagen Scharen von Ausflüglern und Wasserratten an den **Titisee** (848 m). Fast jede Busrundfahrt durch den Hochschwarzwald hat den 2,5 km langen und bis zu 750 m breiten See mit den kristallklaren dunklen Wassern im Programm, der nach dem römischen Feldherrn und Kaiser Titus (39–81) benannt sein soll. Er ist das größte natürliche Gewässer im Schwarzwald und ein Relikt des eiszeitlichen Bärengletschers. Dieser formte eine Mulde, in der sich das vom Seebach [s. S. 92] herangeführte Schmelzwasser des Feldbergs sammeln konnte. Die **Doppelstadt** Titisee-Neustadt entstand 1971 durch Zusammenlegung der am Nordufer befindlichen Ortschaften Titisee und Neustadt (5 km nordöstlich davon) und ist als heilklimatischer Kurort anerkannt.

Das ältere **Neustadt** (8700 Einw., 820 m), von Graf von Fürstenberg im 13. Jh. als *Nova Civitas* gegründet, ist heute Kneippkurort und ein modernes Industriestädtchen mit etlichen Holz, Papier und Metall verarbeitenden Betrieben. **Titisee** (2200 Einw., 860 m) dagegen ist ein Produkt des Fremdenverkehrs: 1866 eröffnete am Seeufer eine erste Sommerwirtschaft, um die herum eine kleine Ansiedlung wuchs. Durch die Anbindung an die Höllentalbahn fanden ab 1887 von Jahr zu Jahr mehr Sommergäste in die bis 1929 Viertäler genannte Gemeinde. Der Name ›Viertäler‹ bezog sich auf die vier umliegenden Talschaften Altenweg mit Titisee, Joostal, Schildtal und Spriegelsbach. Neue Impulse erhielt der aufstrebende Badeort 1926 mit der Eröffnung der **Drei-Seen-Bahn** vom Titisee nach Seebrugg am Schluchsee.

Mit etwa 2 Mio. Tagesgästen im Jahr gehört Titisee zu den führenden Ferienorten im Schwarzwald. Hotels aller Preisklassen, von großzügigen Grünanlagen umgeben, prägen das Ortsbild. Ein Bummel auf der einladenden **Seepromenade** gehört ebenso zum Pflichtprogramm wie eine Bootsfahrt, sei es mit einem Ausflugsschiff oder auf eigene Faust im geliehenen Tret- oder Ruderboot. An heißen Tagen herrscht im *Strandbad* (Pfingsten–Sept.) südwestlich vom *Kurpark* reger Badebetrieb. In der gepflegten Parkanlage befindet sich auch das Kurhaus, ab dem **Terrainkurwege** zu beschaulichen Spaziergängen einladen. Für Unternehmungslustige bietet sich als *Halbtageswanderung* die Tour über den Hochfirst (1190 m) nach Neustadt an, einen ganzen Tag benötigt man für die *Streckenwanderung* durch das Bärental zum Schluchsee.

Auch für den **Wintersport** ist der Ort bestens gerüstet. Auf Langläufer warten zehn gespurte *Loipen* mit insgesamt

Schiff ahoi – die Rundfahrt über den Titisee lässt sich kaum ein Urlauber entgehen

60 km Länge. Die 9 km lange Mooswaldspur etwa beginnt am Strandbad, ist auf den ersten 3 km als Nachtloipe angelegt und bietet im weiteren Verlauf Anschluss an den Fernskiwanderweg Hinterzarten-Schluchsee. Für *Alpinski* stehen Skilifte in den Nachbarorten Waldau und Schwärzenbach zur Verfügung. *Eislaufen* kann man im Eisstadion am Hermeshof, dem Eisweiher im Moorwald und im markierten Bereich der großen Natureisfläche auf dem Titisee. Eine Attraktion für Groß und Klein ist die 1500 m lange beleuchtete *Rodelbahn* vom Bergdorf Saig am Hochfirst hinab zum Titisee.

i Praktische Hinweise

Information

Tourist Info, Strandbadstr. 4, Titisee, Tel. 076 51/980 40, Fax 076 51/98 04 40, www.titisee.de

Schiff

Bootsbetrieb-Schweizer, Seerundweg 1, Titisee, Tel. 076 51/82 14, www.bootsbetrieb-schweizer-titisee.de. Verleih von Elektro-, Tret- und Ruderbooten (Ostern–Okt.). In der Hauptsaison starten die Ausflugsschiffe ›MS Ingrid‹ und ›MS Carola‹ zu Seerundfahrten.

Wandererlebnis – in der wilden Wutachschlucht ließ man der Natur ihren Lauf

Der Grand Canyon Deutschlands

TOP TIPP

Am Südostrand des Schwarzwaldes verläuft zwischen Löffingen und Bonndorf die **Wutachschlucht**, eine der geologisch und mit rund 1200 Pflanzenarten auch botanisch interessantesten Schluchten Mitteleuropas. Auf ihrem Weg von der Quelle am Feldberg in 1450 m Höhe durchfließt die Wutach – zunächst unter dem Namen **Seebach** – den Feldsee und den Titisee, nimmt als **Gutach** bis Kappel etliche Bäche auf, heißt ab Neustadt **Wutach** (= wütendes Wasser) und mündet nach 90 km schließlich bei Waldshut-Tiengen in den Hochrhein. Dabei überwindet der Fluss vom Titisee bis zum Rhein einen Höhenunterschied von etwa 530 m und durchschneidet mehrere geologische Schichten, angefangen von den Gneisen und Graniten des vor 225 Mio. Jahren entstandenen Grundgebirges bis hin zu jüngeren Buntsandstein- und Muschelkalkformationen.

Beste Zeit zur Erkundung der oft schmalen und von beeindruckend-bizarren Felswänden gebildeten Wutachschlucht sind die Monate Mai bis Oktober. Der beliebteste Wandereinstieg ist der Parkplatz **Gündelwangen** an der B 315 zwischen Lenzkirch und Bonndorf. Die Route führt zunächst durch die 2 km lange Lotenbachklamm zum Gasthaus Schattenmühle (Mo geschl.), quert dort die Wutach und folgt dieser auf dem mit einer rot-weißen Raute auf gelbem Grund markierten Querweg Freiburg – Bodensee über Badhof, Schurhammerhütte und Rümmelesteg zur **Wutachmühle** (5 1/2 Std.). Der teils mit Drahtseilen gesicherte Steig – Trittsicherheit und festes Schuhwerk sollte man mitbringen – läuft spektakulär über dem tosenden Wildbach zwischen tief in den Muschelkalk eingegrabenen steilen Wänden und überhängenden Felsengalerien durch die seit 1939 unter Naturschutz gestellte Canyonlandschaft. Am Weg blühen im Frühjahr verschiedene **Orchideenarten** wie Türkenbund, Knabenkraut oder der vom Aussterben bedrohte Frauenschuh. Über den bis zu 170 m hohen Schluchträndern ziehen **Bussarde** und **Wanderfalken** ihre Kreise, mit etwas Glück ist auch der äußerst selten gewordene prächtig gefiederte **Eisvogel** zu entdecken.

Sport

Skischule Hochschwarzwald, Sporthaus Ski-Hirt, Titiseestr. 26, Neustadt, Tel. 076 51/9 22 80, www.schneesportschule.de. Das professionelle Team um Egon Hirt, den mehrmaligen Deutschen Meister im Riesenslalom, bietet Ski-, Carving- und Snowboardkurse. Auch Verleih und Verkauf von Wintersportgerät aller Art.

Hotel

TOP TIPP ******Treschers Romantik Schwarzwaldhotel**, Seestr. 10, Titisee, Tel. 076 51/80 50, Fax 076 51/81 16, www.schwarzwaldhotel-trescher.de. Wunderschöne Lage direkt am Seeufer mit hauseigenem Strand und modernem Hallenbad. Die 86 eleganten Zimmer, teils mit Marmorbad, und vier Juniorsuiten im Landhausstil lassen hinsichtlich Komfort keine Wünsche offen. In der Wellnessoase kann man sich von Ayurveda bis Thalasso verwöhnen lassen. Der Service ist tadellos.

Restaurant

Seebachstüble, Seebachstr. 43, Titisee, Tel. 076 51/82 31. In der geräumigen Bauerngaststube des gleichnamigen Hotels sitzt es sich gemütlich bei einem bodenständigen Rostbraten mit Kraut und einem badischen Viertele.

31 Hinterzarten

Renommiertes Skidorf und Heimat der ›Schwarzwaldadler‹.

Oberhalb des Höllentals liegt auf einem Hochplateau 895 m ü. d. M. einer der bekanntesten **Wintersportorte** Deutschlands. Der Ruhm kam spätestens, als der Postbote **Georg Thoma** (* 1937) im Jahr 1960 bei den olympischen Winterspielen in Squaw Valley (USA) das Gold der Nordischen Kombinierer gewann und so sein Heimatdorf Hinterzarten (2600 Einw.) über Nacht weltbekannt machte. In seine Fußstapfen traten Neffe *Dieter Thoma* (* 1970), seines Zeichens Skispringer, Weltmeister und Gewinner der renommierten Vierschanzentournee, und in jüngerer Zeit der für den Skiklub Hinterzarten startende *Sven Hannawald* (* 1974), Gewinner der Vierschanzentournee (2001/2002), Skiflugweltmeister und Mannschaftsolympiasieger auf der Großschanze von Salt Lake City (2002).

Großes kleines Schwarzwalddorf: seine Skisprungschanze machte Hinterzarten berühmt

Die reizvolle Lage und die gute Schwarzwaldluft zogen bereits um 1850 die ersten Gäste nach Hinterzarten. Einen Boom löste 1887 die Eröffnung der Höllentalbahn aus, die zahlreiche Ausflügler vor allem aus dem nahe gelegenen Freiburg in das kleine Bergdorf brachte. Heute prägen Hotels und Ferienhäuser den seit 1964 anerkannten **heilklimatischen Kurort**, doch durch die gefällige Schwarzwaldarchitektur konnte Hinterzarten dennoch seinen ländlichen Charakter bewahren. Bereits dreimal, zuletzt 1993, wurde das Dorf zum schönsten Ort Baden-Württembergs gekürt.

Wahrzeichen ist die Pfarrkirche **Maria in der Zarten**, der man es heute nicht mehr ansieht, dass ihr Grundstein 1416 gelegt wurde. Der auf einem oktogonalen barocken Turm aufsitzende Zwiebelhelm von 1722 lässt die ehemalige Wallfahrtskirche noch wie eine österreichische Landkirche aussehen. Doch das dazu passende Langhaus war zu klein geworden, sodass man es 1963 abriss und durch eine größere achteckige Halle mit modernem Zeltdach ersetzte.

Wintersport wird in Hinterzarten ganz groß geschrieben. Neben einer 2000 m² großen *Natureisfläche* und der 380 m langen *Rodelbahn* am nahen Kesslerberg werden mit 70 km gespurten *Loipen* Langläufer bestens bedient. Besonders beliebt ist der ortsnahe und bis 21 Uhr beleuchtete Rundkurs der Zartenbachloipe (1,5 km, Höhenunterschied 15 m). Hinterzarten liegt zudem am Fernskiwanderweg von Schonach zum Belchen. Rund um den weißen Sport informiert seit 1997 das kleine **Schwarzwälder Skimuseum** (Di/Mi/Fr 15–18, Sa/So 12–18 Uhr, www.schwarzwaelder-skimuseum.de) im Hugenhofweg, wobei den lokalen Skigrößen ein gebührender Platz eingeräumt wird.

Im Sommer zieht ein gut ausgebautes **Wegenetz** zahlreiche Wanderer an. Das Höllental, die Ravennaschlucht und der Titisee sind von Hinterzarten aus im Rahmen einer Halbtagestour gut erreichbar, auf den Feldberg benötigt man einen ganzen Tag. Östlich vom Bahnhof befindet sich das **Hinterzartener Hochmoor**. Diese mit 70 ha größte zusammenhängende Moorlandschaft im Hochschwarzwald ist vor allem wegen ihrer charakteristischen Pflanzenwelt interessant. Auf einem Holzsteg können Besucher trockenen Fußes bis ins Zentrum dieses Naturschutzgebietes vordringen.

Adler flieg!

Seit den Erfolgen der deutschen Skispringer um Martin Schmitt und Sven Hannawald um die Jahrtausendwende sind die ›Schwarzwaldadler‹ ein fester Begriff. Mehr als 20 000 Zuschauer zog es nach Titisee-Neustadt, um live dabei zu sein, wenn die deutschen Stars und die restliche Weltelite des spektakulären Sports über den Tisch der **Hochfirstschanze** auf Weitenjagd gingen. Sonst trainieren hier die Springer der Schwarzwälder Skiklubs Hinterzarten und Tannheim, die mit ihren Erfolgen bei Weltmeisterschaften und Olympischen Spielen soz. das sportliche Aushängeschild ihrer Heimat sind.

Das **Weltcup-Skispringen** (www.weltcup-skispringen.com) in Titisee-Neustadt wurde 2001 erstmals ausgetragen und macht seither regelmäßig im Schwarzwald Station. Besonders schön: Die größte Naturschanze der Welt mit kritischem Punkt bei 120 m passt sich ohne größere Eingriffe in das Gelände optimal an die topografischen Gegebenheiten des namengebenden Hochfirst (1192 m) an.

Dass der weiße Sport nicht mehr ausschließlich auf den Winter begrenzt ist, kann man in Hinterzarten jeden August beobachten. Auf der **Adlerschanze**, einer Mattenschanze mit kritischem Punkt bei 90 m, trifft sich dann nämlich der internationale Springerzirkus zum **FIS Grand Prix Sommer-Skispringen**.

i Praktische Hinweise

Information

Hinterzarten Breitnau Tourismus, Freiburger Str. 1, Hinterzarten, Tel. 076 52/120 60, Fax 076 52/12 06 49, www.hinterzarten.de

Einkaufen

TOP TIPP **Ospelehof**, Windeck 2, Hinterzarten (etwa 800 m östlich des Ortszentrums), Tel. 076 52/54 82. In dem Bauernladen (So/ Mo geschl.) des typischen Schwarzwaldhofs gibt es verschiedene Käsesorten, Hausmacherwurst und Schwarzwälder Schinken aus eigener Herstellung zu kaufen, auch werden frische Landeier und je nach Saison frisches Rindfleisch angeboten. Die hofeigene Räucherei kann nach Absprache besichtigt werden.

Hotel

***Parkhotel Adler**, Adlerplatz 3, Hinterzarten, Tel. 0 76 52/12 70, Fax 0 76 52/12 77 17, www.parkhoteladler.de. Das luxuriöse Haus verbindet historische Bausubstanz mit einem 1200 m^2 großen modernen Wellness-Bereich mit Beauty- und Fitnesscenter, Massagestation und Badelandschaft. Das Hotel ist seit über 500 Jahren in Familienbesitz und eine der besten Adressen im Schwarzwald.

Restaurants

TOP TIPP **Esche**, Alpersbach 9, Hinterzarten-Alpersbach (5 km westl. von Hinterzarten, im Waldhotel Fehrenbach), Tel. 076 52/919 40. Raffinierte leichte Kräuterküche. Ein Fest für den Gaumen sind z. B. die Rehkeule mit Tannenspitzsauce und Eierspätzle. Der Weinkeller ist gut mit edlen Gewächsen gefüllt, als Aperitif bietet sich ein Gläschen Holunderblütensekt an. An kalten Tagen wärmt ein Kachelofen die heimelige Gaststube (Mi geschl.).

Faller, Im Ödenbach 5, Hinterzarten-Breitnau (4 km nördlich von Hinterzarten), Tel. 076 52/10 01. Das Hotelrestaurant ist für seine gutbürgerliche Küche – etwa Tafelspitz, Lammfilets oder Fischspezialitäten – bekannt. Nichtraucherstube und Gartenterrasse mit Blick auf den Feldberg (Do. geschl.).

32 Höllental

Nadelöhr zwischen Himmelreich und Hölle.

Wo es ein Himmelreich gibt, ist die Pforte zur Hölle nicht allzu weit. 12 km östlich der Breisgaumetropole Freiburg zieht oberhalb des Weilers **Himmelreich** das felsige Höllental zum **Höllsteig** auf die Hinterzartener Hochfläche hinauf. Steile bewaldete Talflanken und abenteuerliche Felshänge rahmen die 10 km lange überaus malerische Strecke ein, das Nadelöhr der viel befahrenen West-Ost-Verbindung von Freiburg nach Donaueschingen. Der früher nicht ungefährliche Pfad durch das Höllental wurde 1755 zu einem schmalen Postweg verbreitert und knapp 100 Jahre später zu einer für Kutschen befahrbaren Straße ausgebaut. Heute lässt sich auf der vierspurigen B 31 kaum noch die einstmals mühevolle Reise nachvollziehen.

Den schönsten Zugang zum Höllental bietet die von Eisenbahnpionier *Robert Gerwig* geplante und im Mai 1887 bei heftigem Schneetreiben von Großherzog Friedrich I. eröffnete **Höllentalbahn**. Die steilste Bahnstrecke Deutschlands überwindet zwischen Freiburg und Neustadt 600 Höhenmeter. Elf Tunnels und etliche Viadukte verhelfen der Trasse zu ihrem besonderen Reiz.

Die mit 20 m engste Stelle im Tal heißt **Hirschsprung**. Der Legende nach soll ein Hirsch auf der Flucht vor einem Raubtier die Passage übersprungen haben. Heute steht auf dem Felsvorsprung hoch über dem Parkplatz an der B 31 ein viel fotografierter 2,5 m großer Bronzehirsch. In dem Örtchen Höllsteig lädt das **Hofgut Sternen** zu einer Rast ein, ein malerischer Schwarzwaldhof aus dem 18. Jh., in dem 1779 schon Johann Wolfgang von Goethe Station machte. Dem Gasthof sind ein großes Andenkengeschäft und eine Glasbläserwerkstatt angeschlossen. Hinter der einstigen Scheune beginnt ein viel begangener Wanderweg durch die **Ravennaschlucht**, ein von der Ravenna geschaffenes wildromantisches Seitental des Höllentals. Zunächst unterquert man den 36 m hohen und 222 m langen *Ravennaviadukt* der Höllentalbahn, um dann auf einem abenteuerlichen Treppensteig am 18 m hohen *Ravennawasserfall* vorbei in etwa einer halben Stunde zur *Großjockenmühle* aufzusteigen. In der kleinen vom Schwarzwaldverein restaurierten Wassermühle von 1883 mit dem weit vorkragenden Dach wird sonntags (Mai–Okt.) das Mahlen von Getreide demonstriert.

Am Hirschsprung markiert ein Bronzehirsch die engste Stelle des Höllentals

i Praktische Hinweise

Restaurant

Hofgut Sternen, An der Ravennaschlucht, Höllental, Tel. 076 52/90 11 89. Der Schwarzwaldhof wie aus dem Bilderbuch serviert internationale Küche in rustikalem Ambiente.

33 Feldberg

TOP TIPP *Auf dem Dach des höchsten deutschen Mittelgebirges.*

Der Feldberg hat das ganze Jahr über Saison – sommers wie winters zieht es alljährlich 2 Mio. Ausflügler, Wanderer und Skifahrer auf den mit 1493 m höchsten **Schwarzwaldgipfel**. Von Titisee aus erreicht man auf der gut ausgebauten B 317 die Großparkplätze am Hotel Feldberger Hof in weniger als einer halben Stunde – vorausgesetzt man ist nicht gerade an einem sonnigen Sommerwochenende unterwegs, wenn ein Vorwärtskommen mitunter nur im Schritttempo möglich ist. Ab dem Feldberger Hof verkehrt ein Kabinenlift der **Feldbergbahn** (tgl. 9–16.30, Juli–Sept. 9–17 Uhr, zum Saisonwechsel jeweils 4 Wochen außer Betrieb) zum *Bismarck-Denkmal* auf dem Seebuck (1448 m). Von dem 1896 aus Granitblöcken errichteten Denkmal kann man in wenigen Minuten zum eigentlichen Gipfel, dem **Feldberg**, aufsteigen. Die kahle unbewaldete Kuppe mag zunächst enttäuschen, doch sofern das Wetter stimmt, genießt man vom Fuß des 1859 eingeweihten *Friedrich-Luisen-Turmes* ein phänomenales Alpenpanorama, das vom Säntis in der Ostschweiz über die Berner Alpen bis zum Mont Blanc reicht. Im Osten schaut man auf die Schwäbische Alb, im Westen auf Straßburg und die Vogesen und nach Norden folgt das Auge dem Hauptkamm des Schwarzwaldes bis zur Hornisgrinde.

Östlich des gleichnamigen Berges hält der **Luftkurort Feldberg** (1800 Einw.) eine gut ausgebaute touristische Infrastruktur bereit. Neben Feldberg-Ort umfasst die Gemeinde die Ortsteile Altglashütten, Neuglashütten, Bärental und Falkau. Die älteste und mit 600 Einwohnern. gleichzeitig größte dieser Siedlungen ist Altglashütten, die sich, wie es der Name schon vermuten lässt, aus einer in der ersten Hälfte des 17. Jh. gegründeten Glashütte entwickelte und um Rathaus und Kirche einen geschlossenen Ortskern aufweist.

Dank der hohen Schneesicherheit ist die Feldbergregion das bedeutendste **Wintersportzentrum** des Schwarzwaldes. Der erste Skilift wurde bereits 1906 installiert – typisch schwarzwälderisch sorgte damals eine Mühle für den Antrieb. Heute haben Skifans an den Hängen des Feldbergs die Wahl unter 36 Abfahrten mit insgesamt mehr als 50 km Länge. Eine der längsten Pisten ist mit über 3 km die *Wiesenquellabfahrt* am Grafenmatt. Im *Liftverbund Feldberg* (www.liftverbund-feldberg.de, Tel. 076 55/80 19) können 29 Lifte mit einem einzigen Skipass benutzt werden. Auch an Langlaufloipen mangelt es nicht. Als schneesicher gilt die 20 km lange *Herzogenhorn-Loipe*, besser für Anfänger geeignet und dazu sehr aussichtsreich ist die im Ortsteil Bärental beginnende 10 km lange *Rotmeer-Loipe*.

Meist Ende April wird mit einer großen Freiluft-Party das Schneefinale begangen, das Ende der Wintersaison, das gleichzeitig den Beginn der Wander- und Bikezeit einläutet. Dann lockt beispielsweise die 19 km lange Feldberg-Mountainbike-Tour, die als Rundkurs vom Haus der Natur (s. u., Parkmöglichkeit) über mehrere Hütten in stetem Auf und Ab 465 Höhenmeter überwindet.

TOP TIPP Ein großartiges Wandererlebnis bietet auch der **Große Feldberg-Rundweg**, der auf 15 km Länge um das ganze Feldbergmassiv läuft. Ausgangspunkt ist das Bismarck-Denkmal auf dem Seebuck [s. o.], vom dem man zunächst den Blick hinab zum *Feldsee* (1111 m) genießt, einem vom Feldberggletscher ausgeschürften eiszeitlichen Karsee, den ein Moränenwall zur Talseite abriegelt. Dann steigt man zunächst zum Feldberggipfel auf und anschließend zur Todtnauer Hütte ab. Über den Gasthof Raimartihof geht es von dort auf dem steilen Karl-Egon-Weg wieder hinauf zum Hotel Feldberger Hof an der Talstation der Feldbergbahn – eine Wanderung von insgesamt 4–5 Stunden. Wer nicht so viel Zeit hat, wählt den wesentlich kürzeren **Seebuckrundweg**. Start ist wiederum das Bismarck-Denkmal, von dem aus man über den Grüblesattel in einer Stunde zur Talstation absteigen kann.

Ungeachtet der Besuchermassen und der intensiven Nutzung als Ski- und Wandergebiet ist der Feldberg noch immer ein kleines Naturparadies. Damit dies auch so bleibt setzen die Anrainergemeinden verstärkt auf den Naturschutz. Bereits seit 1937 ist die Zone um den Berg als Schutzgebiet ausgewiesen. Seit 1989 betreut ein hauptamtlicher Feldberg-Ranger das mittlerweile 42 km^2 große geschützte Areal. Im **Haus der Natur** (Mitte Mai–Mitte Sept. tgl. 10–17, sonst Di–So 10–17 Uhr) an der Talstation der Bergbahn informiert eine Dauerausstellung über geologische Entstehung der Feldbergregion, Besiedlungsgeschichte und Maßnahmen zum Schutz des Ökosystems. Dazu kommen umweltentlastende Maßnahmen wie der kostenlose **Skibus** in der Wintersaison und der ebenfalls freie **Wanderbus** im Sommer, mit denen die wichtigsten Skilifte bzw. Ausgangspunkte der Wanderungen erreichbar sind (Fahrplanauskunft über die Touristeninformation).

Ohne größere Herausforderungen aber mit herrlichen Panoramaausblicken führt der Große Feldberg-Rundweg rings um den Gipfel des höchsten Schwarzwald-Berges

Praktische Hinweise

Information

Tourist Information, Kirchgasse 1, Feldberg-Altglashütten, Tel. 076 55/80 19, Fax 076 55/8 01 43, www.feldberg-schwarzwald.de

Sport

MTB-Zentrum Feldberg, Benzenweg 3, Feldberg-Falkau, Tel. 076 55/623, Fax 076 55/16 85. Hans Bauer leitet mit viel Know-how Mountainbike-Touren durch die Täler des Schwarzwaldes. Zu mieten gibt es MTBs, voll gefederte Trekkingräder sowie Kinderräder, -sitze und -anhänger.

Wintersportschule Thoma, Dr. Piletspur 16, Feldberg, Tel. 076 76/926 88 oder 076 52/58 58, Fax 077 03/91 94 32, www.thoma-skischule.de. Staatlich geprüfte Skilehrer bieten Alpin-, Snowboard- und Carvingkurse an, auf Wunsch auch Einzelunterricht. Anfänger lernen leichte Abfahrten zu bewältigen, Fortgeschrittene können sich auf Buckelpisten und im Tiefschneefahren üben. Für Kids gibt es Fun-Kurse mit Figurenfahren und einem Abschlussrennen. Im Servicezentrum an der Talstation des Sessellifts Seebuck können Skier, Boards, Schlitten und Schuhe ausgeliehen werden.

Hotels

***__Feldberger Hof__, Dr. Pilet Spur 1, Feldberg, Tel. 076 76/180, Fax 076 76/12 20, www.feldberger-hof.de. Architektonisch nicht gerade eine Schönheit, doch gut geführt und wegen der Lage 1300 m ü. d. M. ein hervorragender Ausgangspunkt für Skifahrer und Wanderer. Mit Hallenbad, Sauna und Squashhalle.

**__Adler__, Feldbergstr. 4, Feldberg-Bärental, Tel. 076 55/230, Fax 076 55/93 05 21, www.adler-feldberg.de. Der kleine Gasthof liegt auf knapp 1000 m Höhe, einige Zimmer sind als Bauernstuben eingerichtet. Die Küche bietet Vollwertkost und Gebäck aus eigener Konditorei.

Restaurant

Haus Sommerberg, Am Sommerberg 14, Feldberg-Altglashütten, Tel. 076 55/14 11. Ambitionierte Regionalküche, leicht und modern, mit gelungenen Fischkreationen. Eine weitere Spezialität ist der hausgebeizte Wildschweinschinken (Mo geschl.).

Café

Zum g'scheiten Beck, Bahnhofstraße, Feldberg-Bärental, Tel. 076 55/341. Das Kirschwasser für die Kirschtorte stammt aus der eigenen Brennerei. In dem unter gleicher Regie geführten benachbarten Schnapshäusle kann man das ›Wässerle‹ auch pur verkosten (Mo geschl.).

Südlicher Schwarzwald – von sonnenverwöhnten Weinbergen zu Aussichtsgipfeln mit Alpenblick

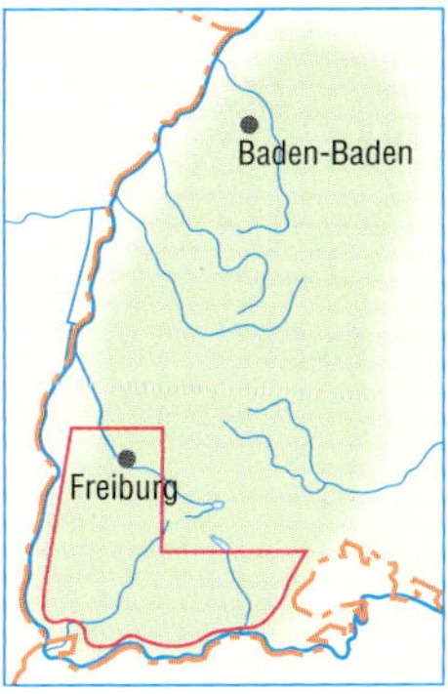

Seine Universität macht **Freiburg**, den Regierungssitz von Südbaden am Rand des Schwarzwalds, zu einer recht jungen Stadt mit einem vielfältigen kulturellen Angebot. Auch die Lage im Dreiländereck Deutschland/Frankreich/Schweiz trägt viel zum weltoffenen Ambiente der sympathischen Großstadt bei. Ein Erlebnis der besonderen Art bietet südlich der Breisgaumetropole Freiburg der Gipfel des **Schauinsland** (1284 m), von dem man an klaren Tagen über den Rhein hinweg zum Schwestergebirge der Vogesen blicken kann. Außerdem liegen gewissermaßen vor den Toren der Stadt mit dem **Kaiserstuhl** im Nordwesten und dem **Markgräflerland** im Süden gleich zwei der bekanntesten Weinbauregionen Deutschlands. Hier gedeihen edle Gewächse wie Spätburgunder oder Gutedel, und schmucke Winzerorte wie **Endingen** oder **Burkheim** laden zu einem Bummel, wobei natürlich auch die eine oder andere Kellerbesichtigung möglich ist.

Kulturbeflissene werden im Kneippkurort St. Blasien fündig, dessen klassizistischer *Kuppeldom* weithin sichtbar das malerische Albtal beherrscht. In **Bernau** am Fuß des Herzogenhorn (1415 m) führt das kleine *Hans-Thoma-Museum* in das Werk des berühmtesten Schwarzwaldmalers ein. Den natürlichen Abschluss des Südschwarzwalds und die Grenze zur Schweiz markiert der Hochrhein, von dem sich Ausflüge ins idyllische **Wiesental** und in den weltabgeschiedenen **Hotzenwald** unternehmen lassen.

34 Freiburg

Plan Seite 100

Schwarzwaldmetropole mit Ökoprädikat.

Freiburg (211 000 Einw.) ist eine der lebenswertesten Städte Deutschlands. Auf geradezu geniale Weise mischt sich kleinstädtische Atmosphäre mit großstädtischem Kulturangebot und dem weltoffenen Flair einer **Universitätsstadt**. Das Klima am Austritt der Dreisam aus dem Südschwarzwald ist ausgesprochen mild, die Lage im **Dreiländereck** verkehrsgünstig. Das französische Straßburg liegt nur einen Katzensprung entfernt, und auch Basel in der Schweiz ist in weniger als einer Autostunde erreichbar.

Außerdem genießt Freiburg einen Ruf als heimliche ›**Ökopolis der Nation**‹. Blockheizkraftwerke in Hotels sind genauso selbstverständlich wie die Solarstromanlage auf dem Dach des Hauptbahnhofs oder im Stadion des Freiburger Fußballklubs.

Geschichte Als Keimzelle der Stadt gilt eine 1091 von den **Zähringern** auf dem Schlossberg errichtete Burg, an deren Fuß nach bekanntem Zähringer-Muster eine Siedlung entstand. Charakteristisch ist das an einem zentralen Achsenkreuz ausgerichtete Straßennetz, das sich im Wesentlichen bis heute erhalten hat. Der Ort wuchs schnell, nicht zuletzt dank der profitablen **Silberminen** am nahen Berg Schauinsland, und erhielt bereits 1120 das Stadt- und Marktrecht. Um 1200 legte *Herzog Bertold V.* den Grundstein für den

◁ **Oben:** *Ebringen ist eines der typischen charmanten Weindörfer zwischen Freiburg und Kaiserstuhl*
Unten: *Wahrzeichen der Stadt Breisach am Rhein ist das gotische St. Stephansmünster*

Bau des Münsters. Nach seinem Tod 1218 fiel die Stadt an die Grafen von Urach, den späteren Grafen von Freiburg. Doch die neuen Herren gingen mit ihrem Erbe recht sorglos um, Verschwendungssucht und Fehden brachten sie an den Rand des Ruins, sodass die Freiburger sich 1368 für 15 000 Silbermark von dem bankrotten Adelsgeschlecht freikauften und sich unter den Schutz der *Habsburger* stellten. Fortan war die kleine Breisgaumetropole ein Teil Vorderösterreichs.

Sanft taucht die untergehende Sonne Freiburg in goldenes Abendlicht

Im **Dreißigjährigen Krieg** war Freiburg heftig umkämpft und wurde 1632 von schwedischen Truppen geplündert. Kaum hatte sich der Pulverdampf gelegt, besetzten 1677 Franzosen die Stadt. Die **französische Episode** währte bis 1698, als nach dem Pfälzischen Erbfolgekrieg Freiburg wieder zurück an das Haus

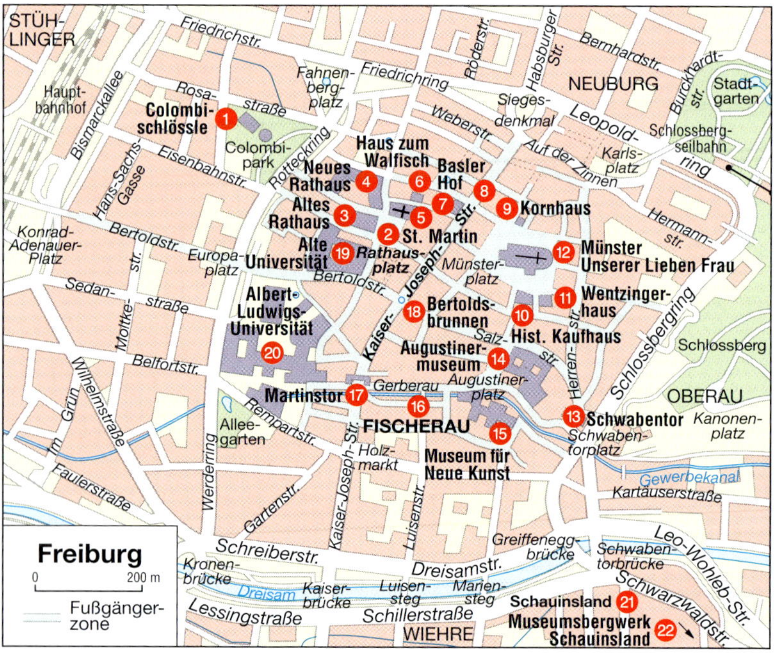

Habsburg fiel. Bereits 1744/45 standen die Franzosen erneut vor den Toren, sprengten diesmal jedoch nur die Befestigungsanlagen, ehe sie sich wieder auf die andere Rheinseite zurückzogen. 1805 mussten die Habsburger auf Druck von Napoleon Bonaparte Freiburg an das neu geschaffene Großherzogtum Baden abtreten.

Seit 1821 ist die Breisgaumetropole Bischofssitz. Mit Eröffnung des Schienenverkehrs zwischen Freiburg und Offenburg (1845) und der Höllentalbahn nach Neustadt (1887) setzte eine neuerliche wirtschaftliche Blüte ein, die erst durch den Ersten Weltkrieg zum Erliegen kam. Schlimm traf es die Freiburger im **Zweiten Weltkrieg**, als am 27. November 1944 das Bombardement der Alliierten den größten Teil des historischen Stadtkerns in Schutt und Asche legte, wobei 3000 Menschen den Tod fanden. Wie durch ein Wunder blieb das Münster unversehrt.

Angesichts der enormen Kriegsschäden zog sich der mustergültige **Wiederaufbau** bis weit in die 50er-Jahre des 20. Jh. hinein. Zwischen 1960 und 1970 war Freiburg die am schnellsten wachsende Großstadt Deutschlands. Das liberal geprägte Dreiländereck wurde in den 70er-Jahren im Kampf gegen das damals vor den Toren Freiburgs geplante Atomkraftwerk Wyhl zu einer Hochburg der Umweltschutzbewegung, Freiburg die heimliche **Umwelthauptstadt**, die sich auf dem Gebiet der ökologischen Stadtentwicklung auch über die Landesgrenzen hinweg einen Namen machte. Als erste deutsche Großstadt führte man 1984 für die öffentlichen Verkehrsmittel eine preiswerte Umweltkarte ein, seitdem hat sich die Zahl der Fahrgäste verdoppelt. Gleichzeitig erweiterte man das Netz von Bussen und Bahnen zu einem leistungsfähigen Nahverkehrssystem. Von der Deutschen Umwelthilfe wurde die Breisgaumetropole 1992 zur ›Bundeshauptstadt für Natur- und Umweltschutz‹ gekürt.

Freiburg hat sich auch als **Bildungszentrum** etabliert. Neben der Albert-Ludwigs-Universität verfügt die Stadt über eine Pädagogische Hochschule, eine Musikhochschule sowie jeweils eine evangelische und katholische Fachhochschule. Die Universität ist mit 13 000 Beschäftigten der größte Arbeitgeber Südbadens.

Vom Colombipark zum Münsterplatz

Fast alle Sehenswürdigkeiten Freiburgs liegen relativ dicht in der autofreien Altstadt beisammen und lassen sich an einem Vormittag entdecken. Für die ausführliche Besichtigung des Münsters und des einen oder anderen Museums sollte zusätzlich ein halber Tag eingeplant werden. Am besten beginnt man den Rundgang am Colombipark, nur wenige Gehminuten vom Hauptbahnhof entfernt. Das **Colombischlössle** 1 inmitten der reizvollen Parkanlage, zu der auch ein kleiner Weinberg gehört, ist ein gefälliges Beispiel neogotischer Backsteinarchitektur aus der Mitte des 19. Jh. Die Villa mit den markanten maßwerkgeschmückten Fenstern und Balkonbalustraden beherbergt seit 1983 das *Museum für Ur- und*

Anmutig und luftig präsentiert sich das Treppenhaus des neogotischen Colombischlössles

Frühgeschichte (Di–So 10–17 Uhr). Auf drei Etagen werden Exponate von der Steinzeit bis zum Mittelalter gezeigt, beachtenswert sind insbesondere die keltischen Bronzegefäße sowie der alemannische Gold- und Silberschmuck.

An der Touristeninformation vorbei erreicht man über die Turmstraße ostwärts den **Rathausplatz** 2. Die Mitte des von Kastanienbäumen beschatteten Platzes ziert ein Brunnendenkmal mit der Statue des Franziskanermönchs *Berthold Schwarz* († 1388). Der Alchimist soll 1353 mit Holzkohle, Schwefel und Salpeter experimentiert haben, wobei beim Anzünden einer Lampe die brisante Mischung explodierte – Schwarz gilt seither als der Erfinder des Schießpulvers. Das ziegelrote gotische **Alte Rathaus** 3 an der Westseite des Platzes mit seinem markanten Treppengiebel geht auf das Jahr 1559 zurück und wurde nach dem Zweiten Weltkrieg nach alten Vorlagen wieder aufgebaut. Im Hof steht die *Gerichtslaube*, ein älterer Vorgängerbau von 1278. In dem frei stehenden Haus mit schönem Staffelgiebel und seitlichem Treppenaufgang hielt Kaiser Maximilian I. vor rund 600 Jahren Reichstag, heute nutzt die Stadt den Ratssaal im Obergeschoss zu repräsentativen Zwecken.

Im Norden wird der Platz vom **Neuen Rathaus** 4 dominiert. Für den großzügigen, jedoch gedrungen wirkenden Bau verband man 1896–1901 zwei von Eckerkern gezierte Giebelhäuser aus dem 16. Jh. mit einem Querbau, der auf einem zum Platz hin geöffneten Arkadengang ruht. Dieses ›Zwischenstück‹ wird von einem aufgesetzten Türmchen gekrönt, von dem täglich um 12 Uhr ein *Glockenspiel* ertönt.

Gegenüber befand sich einst ein Franziskanerkloster, von dem lediglich die heutige Pfarrkirche **St. Martin** 5 erhalten ist. Der frühgotische Sakralbau aus dem 13. Jh. brannte 1944 aus und wurde in den 1950er-Jahren im schlichten Stil einer Bettelordenkirche wieder aufgebaut. Beachtenswert ist im südlichen Seitenschiff das ursprünglich im Münster aufbewahrte *Martinsfresko* von 1480, das den hl. Martin vor der historischen Kulisse Freiburgs darstellt.

Gegenüber dem Chor der Kirche befindet sich in der Franziskanerstraße eines der prächtigsten Bürgerhäuser der Stadt, das **Haus zum Walfisch** 6. Besonders beeindruckend ist sein kunstvoll geschmiedetes Torgitter sowie der reich mit Maßwerk versehene spätgotische Erker über dem pilasterflankierten Portal. Der rotbraune dreistöckige Prunkbau diente nach seiner Fertigstellung 1516 zunächst Jakob Villinger, seines Zeichens Schatzmeister unter Kaiser Maximilian I., als Privatpalast. Von 1529–31 wohnte darin der Humanist *Erasmus von Rotterdam* (1466–1536), der während der Reformation von Basel nach Freiburg geflüchtet war. Unter

Ein Querbau zwischen zwei schlanke Giebelhäuser – und fertig war das Neue Rathaus von Freiburg

dem Druck der Bilderstürmer verlegte 1529 auch das Basler Domkapitel seinen Sitz an die Dreisam und fand im **Basler Hof** 7 in der Kaiser-Joseph-Straße ein neues Domizil. Das repräsentative Palais wurde 1496 für den habsburgischen Hofkanzler Konrad Stürzel erbaut. Die Domherren ließen an der von Treppengiebeln und zwei Ecktürmen abgeschlossenen Fassade einen Figurenschmuck anbringen, der die drei Basler Stadtheiligen zeigt: Maria, flankiert von Kaiser Heinrich II. und Bischof Pantaleon. Seit 1952 ist das Gebäude Sitz des Südbadener Regierungspräsidiums.

Die **Kaiser-Joseph-Straße** 8, von den Freiburgern ›Große Gass‹ oder salopp ›Kajo‹ genannt, ist die zentrale Nord-Süd-Achse der Stadt. Sie diente einst als Marktstraße, heute laden Arkaden zum Flanieren ein. Von der Einkaufsmeile geht die kurze Münsterstraße zum *Münsterplatz* ab, auf dem wochentags ein lebhafter *Bauernmarkt* (Mo–Sa 7.30–13.30 Uhr) abgehalten wird. An der Nordseite des Platzes steht das 1969–71 rekonstruierte **Kornhaus** 9. In dem Treppengiebelbau von 1498 lagerte man im 16. und 17. Jh. die Getreideernte ein und die Metzger hatten darin ihren Schlachthof. Die Südseite des Platzes begrenzt das 1520–30 erbaute **Historische Kaufhaus** 10. Der prächtige Renaissancebau wurde für die städtische Zoll- und Finanzverwaltung errichtet und diente zugleich als Warenumschlagplatz der hiesigen Kaufleute. Die Fensterfront über den vier offenen Rundbögen wird von lebensgroßen Statuen aufgelockert, die als Ausdruck für die enge Verbundenheit zu Österreich vier Repräsentanten des Habsburgergeschlechts zeigen – von links nach rechts Kaiser Maximilian I., König Philipp der Schöne, Kaiser Karl V. und dessen Thronfolger Ferdinand I. Östlich des Kaufhauses überstand das **Wentzingerhaus** 11 von 1761 unbeschadet den Zweiten Weltkrieg. Das Wohnhaus des Malers und Bildhauers *Johann Christian Wentzinger* (1710–1797) wurde Anfang der 1990er-Jahre von Grund auf restauriert, um 1994 die Sammlung des *Museums für Stadtgeschichte* (Di–So 10–17 Uhr) aufzunehmen, das anhand von Dokumenten, archäologischen Funden und einem Modell der Münsterbaustelle mit der Freiburger Stadtentwicklung vertraut macht. An Wentzinger erinnert am Balkon über dem Eingang ein Selbstporträt und auch die Decke des Treppenhauses zeigt mit

Beim Haus zum Walfisch macht es Gästen nichts aus, vor dem Tor stehen zu bleiben

dem allegorischen Gemälde ›Ankunft des Herkules im Olymp‹ eine Kostprobe der ausdrucksvollen Schaffenskraft des Künstlers.

Das Münster – »Schönster Turm der Christenheit«

TOP TIPP

Als ein herausragendes Meisterwerk der Gotik in Deutschland gilt das **Münster Unserer Lieben Frau** 12 (tgl. 9–18 Uhr, Turm Mo–Sa 9.30–17,

Straßencafé vor dem Historischen Kaufhaus an der Südseite des Münsterplatzes

Das Streben nach Höherem harmoniert auf dem Münsterplatz gut mit irdischen Freuden

So 13–17 Uhr, Führungen tgl. 14 Uhr, Anmeldung Tel. 07 61/20 27 90). Die *Baugeschichte* des monumentalen roten Sandsteinbaues begann um 1200 unter Herzog Bertold V., der eine Grablege für die Zähringerdynastie schaffen wollte. In der ersten Bauphase errichtete man zunächst nach dem Vorbild des Basler Münsters das spätromanische Querhaus mit einer überkuppelten Vierung und den beiden kleinen Osttürmen, den so genannten *Hahnentürmen*. Doch schon um 1220 machte sich der Einfluss des französischen Nachbarn bemerkbar, wo sich bereits die Gotik als Baustil durchgesetzt hatte. An dem um 1300 fertig gestellten hochgotischen Langhaus und dem 1330 vollendeten Westturm mit seinen filigran durchbrochenen Maßwerkfenstern waren Baumeister aus dem Elsass maßgeblich beteiligt. Der dreischiffige Chor wurde 1354 begonnen und nach einer durch Geldmangel bedingten Zwangspause (1368–1471) schließlich im Jahr 1513 geweiht. Als letzter wesentlicher Bauteil entstand 1620 an der Südseite des Querhauses eine Renaissancevorhalle.

Außergewöhnlich ist der reiche *plastische Figurenschmuck* sowohl am Westturm (s. u.) als auch an der Fassade des Langhauses. Neben Aposteln, Propheten und biblischen Königen sind es vor allem die Wasserspeier, die in ihrer skurrilen Gestaltung einzigartig sind. Überaus fotogen ist der so genannte Blecker über dem **Lammportal** [**A**] im Südwesten, der keck sein Wasser aus dem Allerwertesten speit. Das **Hauptportal** [**B**] an der nach Westen geöffneten Turmvorhalle wird von detailreichen Skulpturen eingefasst. Im *Tympanon* sind Szenen aus dem Marienleben und dem Jüngsten Gericht dargestellt. Grotesk erscheint der ›Betende Teufel‹ im unteren Feld.

Das dreischiffige **Kircheninnere** ist stolze 125 m lang, 30 m breit und 27 m hoch. Von der **Ausstattung** gilt im **Chor** [**C**] der *Hochalter* des Albrecht-Dürer-Schülers *Hans Baldung* (um 1484–1545) als ein Glanzstück der spätgotischen Malerei Deutschlands. Baldung, genannt Grien, arbeitete 1512–16 an diesem seinem Hauptwerk. Das Mittelbild des Triptychons hat die Marienkrönung zum Thema, auf den beiden Flügeln sind die zwölf Apostel dargestellt. In geschlossenem Zustand sind Bilder aus dem Marienleben zu sehen. Um den Hochaltar grup-

Münster Unserer Lieben Frau

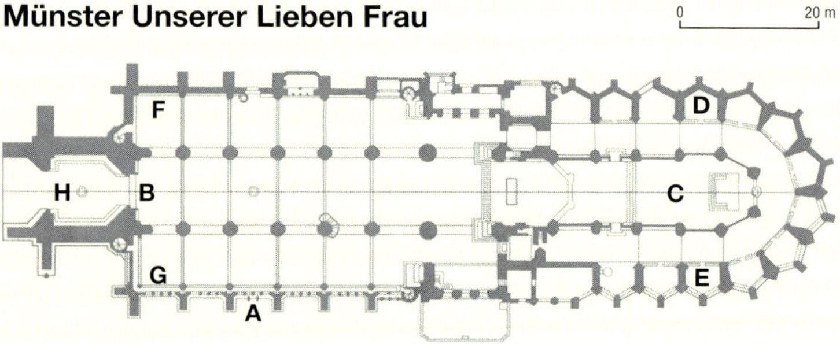

A Lammportal
B Hauptportal
C Chor
D Lochererkapelle
E Universitätskapelle
F Bäckerfenster
G Schauinslandfenster
H Westturm

In luftigen Höhen zeigt das Freiburger Münster mit durchbrochenen Türmen, kühnen Streben und fantasievoll skulptierter Fassade seine ganze gotische Pracht

pieren sich elf Chorkapellen, unter denen in der **Lochererkapelle** [D] ein von Hans Sixt von Staufen 1521–24 geschaffener Schnitzaltar beachtenswert ist. Die **Universitätskapelle** [E] birgt die Seitenflügel des von Hans Holbein d. J. 1521 gemalten Oberriedaltars mit der Anbetung der Hirten und der Könige. Die Mitteltafel ging im Bildersturm der Reformation verloren.

Die **Verglasung** des Langhauses besteht noch größtenteils aus den Originalfenstern aus dem 13. und 14. Jh. Es handelt

Auch im hohen, himmelwärts strebenden Innenraum offenbart sich das Münster Unserer Lieben Frau unverkennbar als Kind der Gotik

Auf den exquisiten Buntglasfenstern des Münsters ist auch das Treffen Marias und Elisabeths dargestellt

sich um Stiftungen der Freiburger Zünfte, die leicht an den Insignien der jeweiligen Handwerkergilde erkennbar sind. So weist das **Bäckerfenster** [F] auf der Nordseite in der unteren Leiste eine Brezel auf.

Ein Bild des hl. Georg schmückt den stadtauswärts gewandten Durchgang des Schwabentors

Das dreiteilige Fenster zeigt auf anschauliche Art und Weise die Lebens- und Leidensgeschichte der hl. Katharina. Auf der gegenüberliegenden Seite des Langhauses ist das von den Bergarbeitern der Silberminen am Schauinsland gestiftete **Schauinslandfenster** [G] herausragend. In leuchtenden Farben wird ein Motiv aus der Bergpredigt dargestellt, wobei Christus von seinen Jüngern Petrus und Johannes flankiert wird.

Sehr lohnend ist die Besteigung des 116 m hohen **Westturmes** [H] (April–Okt. Mo–Sa 9.30–17, So 13–17 Uhr), den der Schweizer Kunsthistoriker *Jacob Christoph Burckhardt* (1818–1897) als den »schönsten Turm der Christenheit« pries. Nach mehr als 300 Stufen erreicht man am Helmansatz die oberste Galerie, von der sich auf das quirlige Markttreiben hinab und über die Dächer der Altstadt bis zum Kaiserstuhl und den Vogesen schauen lässt. Beim Aufstieg passiert man übrigens die *Glockenstube*, in der u.a. an einem Joch aus Tannenholz die 1258 gegossene, 5 t schwere Hosannaglocke hängt. Diese gewichtige Angelusglocke, die früher dreimal am Tag zum Gebet ›Engel des Herrn‹ einlud, zählt weltweit zu den ältesten ihrer Art. Von den Freiburgern wird sie auch ›Knöpfleglock‹ genannt, denn heute ertönt sie immer um 11 Uhr morgens, für die Hausfrauen gerade rechtzeitig, um mit der Zubereitung des Knöpfleteiges für das Mittagessen zu beginnen.

Vom Münsterplatz ins Univiertel

An der *Alten Münsterbauhütte*, einem schmucken Fachwerkbau aus dem 16. Jh., verlässt man den Münsterplatz und erreicht am Ende der nach Süden laufenden Herrenstraße das **Schwabentor** 13. Die der Altstadt zugewandte Seite des quadratischen Torturms aus dem 13. Jh. (1954 erneuert) schmückt das Bild eines schwäbischen Kaufmanns, stadtauswärts zeigt die Fassade den Stadtpatron St. Georg. In der Turmstube ist die *Zinnfigurenklause* (Mitte Mai–Sept. Di–Fr 14.30–17, Sa/So 12–14 Uhr) untergebracht, die in Diaramen Szenen aus der Stadtgeschichte zeigt. Westlich vom Schwabentor steht am Augustinerplatz das ehem. *Augustinerkloster*. Es wurde im 13. Jh. gegründet und im 18. Jh. barockisiert. Seit 1923 beherbergen die frühere Stiftskirche und umliegende Konventsräume das **Augustinermuseum** 14 (wegen Umbau voraussichtl. bis 2010 geschl.). Diese be-

Friedlich plätschern Bächlein durch die Fischerau, ein verträumtes Freiburger Viertel

deutendste Sammlung der Stadt macht mit dem oberrheinischen Kunstschaffen vom Mittelalter bis zur Gegenwart bekannt. Zu den Glanzstücken gehören Gemälde von Hans Baldung (›Madonna mit dem schlafenden Jesuskind‹, 1524) und Lucas Cranach d. Ä. (›Schmerzensmann‹, 1524). Neben Bauplastiken des Münsters nimmt Kirchenkunst aus dem 17. und 18. Jh. breiten Raum ein, eine weitere Abteilung ist der badischen Landschaftsmalerei des 19. Jh. gewidmet.

Südlich des Klosters führt an der *Insel*, einem früheren Handwerkerquartier, eine kleine Fußgängerbrücke über den Gewerbekanal zum **Museum für Neue Kunst** 15 (Di–So 10–17 Uhr) in einem ehem. Schulgebäude in der Marienstraße. Schwerpunkte der städtischen Sammlung bilden der Expressionismus und die Neue Sachlichkeit, wobei neben August Macke (›Straße mit Kirche in Kandern‹, 1911) und Otto Dix vornehmlich Arbeiten südbadischer Maler gezeigt werden. Am säkularisierten *Adelhauser Neukloster* vorbei gelangt man zur **Fischerau** 16, dem malerischen alten Viertel der Fluss- und Runzfischer. Runzen oder ›Bächle‹ nennt man kleine am Straßenrand entlang führende offene Wasserrinnen, die im Stadtbild mehrfach zu sehen sind. Sie dienten im Mittelalter als Kanalisation und Viehtränke. Damals wie heute sorgen zwei angestellte ›Bächleputzer‹ für die Sauberkeit der Kanäle.

Folgt man dem Gewerbekanal erreicht man bald wieder die Kaiser-Joseph-Straße, die nach rechts zum **Martinstor** 17

August Mackes kraftvolles Gemälde ›Straße mit Kirche in Kandern‹ ist im Museum für Neue Kunst zu bewundern

So ehrwürdig die Alte Universität von Freiburg äußerlich wirkt, so weltoffen sind ihre 22 000 Studenten, die Freiburg zu einem Zentrum alternativen Lebens machen

führt. Der wuchtige Torturm von 1202 wurde im Jahr 1900 aufgestockt und mit einem spitzen Helm abgeschlossen, den vier verspielt wirkende Erkertürmchen flankieren. Am **Bertoldsbrunnen** 18 weiter nördlich steht man im Herzen der Altstadt, wo sich die Kaiser-Joseph-Straße mit der Salz- und der Bertoldstraße kreuzt. Anstelle des 1944 zerstörten alten Brunnens von 1807 plätschert seit 1965 ein neuer, den das von Nikolaus Röslmeier geschaffene Reiterdenkmal des Zähringer Herzogs ziert.

Vom Brunnen führt die Bertoldstraße ins *Univiertel* im Westen der Altstadt. Hinter der schnörkellosen Fassade der **Alten Universität** 19 von 1726 versteckt sich ein von Arkaden umgebener hübscher Innenhof, der alle zwei Jahre im Juni zur Bühne für ein Theaterfestival wird. Die benachbarte barocke *Universitätskirche* wurde im Zweiten Weltkrieg fast vollständig zerstört und in den 1950er-Jahren wieder aufgebaut. Von der ursprünglichen Ausstattung überstanden lediglich einige Stuckaturen an der Hallendecke und im Chorraum den Krieg. Der neue Campus der **Albert-Ludwigs-Universität** 20 erstreckt sich südlich der Bertoldstraße bis zur Rempartstraße. Die Mitte des weitläufigen Geländes nimmt der *Platz der Weißen Rose* ein, um den sich vier zwischen 1902 und 1968 errichtete große Kollegiengebäude gruppieren. Das *Kollegiengebäude I* lässt trotz etlicher Umbauten noch Anklänge an den Jugendstil erkennen, es entstand 1906–11 nach Plänen des Karlsruher Architekten Hermann Billing. Hinter der sachlichen roten Sandsteinfassade befinden sich die Hörsäle der philosophischen Fakultät. Deren Ruf wurde vor allem durch den in den 1920er-Jahren hier lehrenden Philosophen Edmund Husserl und seinen Nachfolger Martin Heidegger begründet. An den insgesamt 11 Fakultäten der Hochschule sind heute rund 22 000 Studierende eingeschrieben.

Ausflug

Das Tor zum Südschwarzwald ist von Freiburg aus weit geöffnet – noch zum Stadtgebiet gehört beispielsweise der

TOP TIPP

1284 m hoch aufragende **Schauinsland** 21. Vom Vorort Günterstal führt eine kurvenreiche Bergstraße auf den Freiburger Hausberg. Der Aussichtsgipfel, der seinem Namen alle Ehre macht, ist seit 1930 auch durch eine Seilbahn erschlossen. Zur Talstation in Horben fährt man am besten mit der Straßenbahnlinie 4 bis Günterstal und steigt dort in einen Zubringerbus um. Von der Bergstation erreicht man in 15 Minuten den *Eugen-Keidel-Turm* auf dem Gipfel, von dem sich an schönen Tagen ein herrlicher Panoramablick auf Feldberg, Alpen und Vogesen bietet.

Außergewöhnlich ist auch ein Besuch im nahen **Museumsbergwerk Schauinsland** 22 (www.schauinsland.de, Führungen Mai, Juni, Mitte Sept.–Okt. Mi, Sa, So 11–15.30 Uhr, Juli–Mitte Sept. Mo, Di, Do, Fr 11.30–13.30, 14.30–15.30, Mi, Sa, So 11–15.30 Uhr, Anmeldung unter Tel. 07 61/264 68), bei dem die 800-jährige Geschichte des ehemaligen Silberbergwerks wieder lebendig wird. Unter fachkundiger Führung kann man einen Stollen begehen und sich einen druckluftbetriebenen Bohrhammer sowie einen Wurfschaufellader vorführen lassen.

Wer mit der Gondel auf den Schauinsland fährt, will stets hoch hinaus, nämlich 1284 m

Praktische Hinweise

Information

Tourist Information, Rotteckring 14, Freiburg, Tel. 07 61/388 18 80, Fax 07 61/370 03, www.freiburg.de. Interessant für ›Neulinge‹ wie für ›alte Hasen‹ sind die ganzjährig angebotenen Stadtführungen, die auch weniger bekannte Winkel Freiburgs vorstellen.

Öffentliche Verkehrsmittel

Regio-Verkehrsverbund Freiburg, Fahrplanauskunft Tel. 018 05/77 99 66, www.rvf.de (regional begrenzt). In Bussen und Bahnen, an Vorverkaufsstellen und Ticketautomaten erhält man das günstige 24-Stunden-Ticket, das zur Benutzung aller Busse und Bahnen in Freiburg und der Region berechtigt.

Nachtleben

Freiburger Theater, Bertoldstr. 46, Freiburg, Tel. 07 61/201 28 53, www.theaterfreiburg.de. Die städtische Bühne zeigt Schauspiel-, Musiktheater- und Ballettaufführungen.

Jazzhaus, Schnewlingstr. 1, Freiburg, Tel. 07 61/349 73, www.jazzhaus.de. In dem historischen Kellergewölbe gastieren regelmäßig internationale Stars der Jazz-, Pop- und Folkszene.

Hotels

****Colombi**, Rotteckring 16, Freiburg, Tel. 07 61/210 60, Fax 07 61/314 10, www.colombi.de. Die Nummer eins in Freiburg gehört zum noblen Klub der ›Leading Hotels of the World‹. Die 110 Zimmer sind mit ausgewählten Stilmöbeln eingerichtet. Das sehr schöne Hallenbad ergänzen eine Sauna und ein Dampfbad. Drei als Bauernstuben gestaltete Feinschmeckerlokale verwöhnen mit badisch-französischer Küche.

TOP TIPP ***Victoria**, Eisenbahnstr. 54, Freiburg, Tel. 07 61/20 73 40, Fax 07 61/20 73 44 44, www.hotel-victoria.de. Das historische Haus von 1875 ist vor allem bei Promis aus dem Showgeschäft beliebt. Etliche der 63 Zimmer bieten Stuck, Parkett und einen Blick auf den Colombipark. Die umweltfreundliche Hotelführung wurde bereits mehrfach prämiert.

Sichelschmiede, Insel 1, Freiburg, Tel. 07 61/350 96, Fax 07 61/312 50. Das malerische Hotel aus dem 15. Jh. am Rande der autofreien Altstadt hat nur sechs Zimmer, Reservierung wird daher empfohlen. Behagliche Weinstube im Haus.

***Hofgarten**, Vörstetter Str. 41, Freiburg, Tel. 07 61/50 35 46, Fax 07 61/50 36 48 88, www.hotel-hofgarten.de. Günstige kleine Pension im Vorort Gundelfingen mit einfachen Zimmern.

Restaurants

Busse's Waldschänke, Waldseestr. 77, Freiburg, Tel. 07 61/748 47. In dem beliebten Ausflugslokal wird gesunde Vollwertkost mit Gemüse vom Biohof und Fleisch aus artgerechter Haltung geboten. Separate Gasträume für Nichtraucher, im Sommer Gartenbewirtschaftung (tgl. ab 18, So ab 11.30 Uhr, Nov.–Juni Mo geschl.).

Hausbrauerei Feierling, Gerberau 46, Freiburg, Tel. 07 61/24 34 80. In der Kleinbrauerei mit schattigem großem Biergarten trifft sich die Studentenszene. Auf der Karte steht preiswerte Regionalküche wie das ›Inselschnitzel‹, zu dem man am besten ein Glas ›Inselhopf‹ trinkt, ein aus ökologischen Rohstoffen gebrautes naturtrübes Vollbier.

Oberkirch, Münsterplatz 22, Freiburg, Tel. 07 61/202 68 68. Traditionelle Weinstube mit badischer Küche (So geschl.). Über der Gaststätte kann man auch ein Zimmer mit Münsterblick mieten.

Zum Roten Bären, Oberlinden 12, Freiburg, Tel. 07 61/38 78 70. Am Schwabentor steht der angeblich älteste Gasthof Deutschlands (seit 1120). In der alemannischen Stube werden regionale Spezialitäten und Weine geboten (So geschl.).

35 Kaiserstuhl

Fruchtbares Rebland auf vulkanischer Sonnenterrasse.

Endingen – Vogtsburg – Breisach – Tuniberg – Merdingen

Zwischen dem Schwarzwald und den Vogesen hebt sich nordwestlich von Freiburg der Kaiserstuhl wie eine Insel aus dem Oberrheinischen Tiefland, etwa 16 km lang und maximal 12 km breit. Der jungvulkanische **Gebirgsstock** entstand vor etwa 16 Mio. Jahren und erreicht mit dem *Totenkopf* (557 m) seinen höchsten Punkt. Der überaus fruchtbare gelbe Lössboden und das ausgesprochen milde Klima machten den Kaiserstuhl zu einer der ertragreichsten Weinregionen Deutschlands.

In der Region um den Kaiserstuhl laden zahlreiche Weinschenken zum Verkosten ein

Die meisten der gut 20 Ortschaften des Kaiserstuhls sind an den vielfach von Hohlwegen durchzogenen Rändern des längsovalen Plateaus angesiedelt, sodass sich die Weinregion am besten auf einer Rundfahrt erkunden lässt. Von Freiburg aus erreicht man in kurzer Zeit auf der A 5 über die Ausfahrt Riegel **Endingen** (6500 Einw.) am Nordrand des Reblandes. Der Weinort wartet mit einem hübschen mittelalterlichen Stadtkern auf. Am Marktplatz erhebt sich das viergeschossige *Kornhaus* (1617) mit schönem Staffelgiebel, das seit 1974 als Rathaus dient. In den Seitenstraßen lässt sich so manches schmucke Fachwerkhaus entdecken, etwa der *Üsenberger Hof* nordöstlich vom Marktplatz. Die Fassade des spätgotischen Adelshauses vom Ende des 15. Jh. zieren sehenswerte Fresken, innen dokumentiert das *Vorderösterreich-Museum* (Mai–Okt. Mo–Fr 9–12.30, 14.30–18, Sa 10–13, So 11.30–12.30 Uhr, Nov.–April Mo–Fr 9–12, Mo/Di/Fr auch 15–17 Uhr, So 11.30– 12.30 Uhr) die mehr als 400-jährige Zugehörigkeit zum Hause Habsburg.

Burkheim (900 Einw.) einige Kilometer weiter westlich wurde 1975 mit sechs weiteren Winzerorten zur Gemeinde *Vogtsburg* zusammengeschlossen, die heute mit 1450 ha das größte Weinbaugebiet Baden-Württembergs besitzt. Burkheim selbst ist mit seinem barocken *Stadttor*, dem 1604 im Renaissancestil erbauten Rathaus und den von bis zu 400 Jahre alten Fachwerkhäusern flankierten kopfsteingepflasterten Sträßchen einer der schönsten Orte im Rebland. Im ebenfalls zu Vogtsburg gehörigen **Niederrotweil** lässt sich in der Friedhofskirche *St. Michael* ein polychromer spätgotischer Hochaltar (um 1525) eines unbekannten Meisters bestaunen. Die Mitteltafel des aus Lindenholz geschnitzten dreiflügeligen Altars zeigt die Marienkrönung.

Weithin sichtbar ragt der 35 m hohe Münsterberg von **Breisach** (13 000 Einw.) aus der Rheinebene. Die Grenzstadt direkt am Rhein wurde im Verlauf ihrer fast 800-jährigen Geschichte mehrfach zerstört und wieder aufgebaut. Besonders schwer traf es das bereits von den Römern im 4. Jh. befestigte *Mons Brisiacus* im Zweiten Weltkrieg, als gut die Hälfte der Gebäude den Flammen zum Opfer fiel. Heute nimmt Breisach eine führende Position in der badischen Sektherstellung

Seine gewaltige Raumwirkung entfaltet der beeindruckende spätgotische Schnitzaltar von Hans Loi im St. Stephansmünster von Breisach so recht erst bei geöffneten Flügeln

ein und ist Standort einer der größten Winzergenossenschaften Europas.

Wahrzeichen der Stadt ist das **St. Stephansmünster** auf einem felsigen Hügel über dem Rhein. Das zu Beginn des 13. Jh. begonnene dreischiffige Langhaus und der nördliche Chorturm mit kleinen Dreiecksgiebeln über den Glockengeschossarkaden sind spätromanisch, während Chor und Südturm mit dem von vier Ecktürmchen abgeschlossenen Obergeschoss bereits der gotischen Bauphase zuzuordnen sind. Innen beherbergt die Kirche etliche kunsthistorische Schätze von Rang, darunter ein Hans Loi (H. L.) zugeschriebener spätgotischer *Schnitzaltar* (um 1526) sowie an der Westwand und an Teilen der angrenzenden Nord- und Südwand das *Monumentalfresko* ›Das Jüngste Gericht‹, das der Colmaer Maler und Kupferstecher *Martin Schongauer* († 1491) in den Jahren 1488 – 91 schuf. Von der einstigen Befestigungsanlage ist neben dem gedrungen wirkenden quadratischen *Gutgesellentor* (1402) am Anfang der Münsterbergstraße vor allem das *Rheintor* aus der Zeit der französischen Herrschaft (1648–97) sehenswert. Es wurde 1670 von dem französischen Festungsbaumeister Sébastien Vauban als prunkvolles Eingangsportal am Ostende der alten Rheinbrücke erbaut. Die Westfassade zeigt die beiden allegorischen Figuren der sich auf das barocke Giebeldreieck stützenden Flussgottheiten Rhein und Donau. Im Turminneren dokumentiert das *Museum für Stadtgeschichte* (Di–Fr 14–17, Sa 11.30–17, So 11.30–18 Uhr) die wechselvolle Historie von Breisach.

Südöstlich von Breisach erhebt sich der **Tuniberg**, der ›kleine Bruder‹ des Kai-

Ein schneller Schnitt – schon hat der Spargelbauer am Tuniberg die Delikatesse geerntet

serstuhls, aus der Rheinebene. Auf dem bis zu 316 m hohen lang gestreckten Bergrücken wird ein vorzüglicher Burgunder gekeltert und von Mitte Mai bis Anfang Juni auch weißköpfiger Spargel gestochen. Hauptort ist **Merdingen** (2500 Einw.). Sein gepflegtes Ortsbild mit etlichen sehenswerten Fachwerkbauten wird von der einschiffigen Pfarrkirche *St. Remigius* überragt, die Johann Kaspar Bagnoto 1738–41 erbaute. Die Portalnische schmückt ein fein gearbeitetes Marienbildnis des Freiburgers Johann Christian Wentzinger, die Stuckaturen am spätbarocken Hochalter und die Marmorkanzel sind Arbeiten von Joseph Anton Feuchtmayr.

i Praktische Hinweise

Information

Breisach-Touristik, Marktplatz 16, Breisach, Tel. 076 67/94 01 55, Fax 076 67/ 94 01 58, www.kaiserstuhl-tuniberg-tourismus.de

Kaiserstühler Verkehrsbüro, Adelshof 20, Endingen, Tel. 076 42/68 99 90, Fax 076 42/68 99 99, www.endingen.de

Bahn

Zwischen den Orten Riegel und Breisach verkehrt Mai–Okt. an ein bis zwei Samstagen im Monat der **Museumsdampfzug** ›Rebenbummler‹. Die Zugfahrt kann mit einer Schiffsrundfahrt auf dem Rhein (s. u.) verbunden werden. Fahrplanauskunft und Reservierung über Verkehrsbüro Endingen (s. o.)

Schiff

Breisacher Fahrgast-Schifffahrt, Rheinuferstraße, Breisach, Tel. 076 67/94 20 20, www.bfs-info.de. Veranstaltet Rundfahrten und Tagesfahrten nach Straßburg, Basel und durch die elsässischen Kanäle nach Colmar.

Einkaufen

Winzergenossenschaft Burkheim, Winzerstr. 8, Vogtsburg-Burkheim, Tel. 076 62/93 93 14. Die für den Kaiserstuhl verhältnismäßig kleine Genossenschaft mit etwa 300 Winzern offeriert eine erlesene Auswahl an Spätburgundern aus den Lagen Schlossgarten und Feuerberg. Als Spitzengewächs wird der Burkheimer Nachtwächter gehandelt, ein im Barrique-Fass ausgebauter trockener Rotwein. Kellerführungen mit anschließender Weinprobe Ostern–Anfang Nov. jeden Do 15 Uhr.

Restaurant

TOP TIPP **Schwarzer Adler**, Badbergstr. 23, Vogtsburg-Oberbergen, Tel. 076 62/93 30 10. Franz Kellers Gasthof gehört schon seit Jahren zu den Pilgerzielen für Feinschmecker in der Region. In den holzgetäfelten Gaststuben wird französisch inspirierte Küche auf höchstem Niveau zelebriert. Klassiker sind etwa getrüffelte Poularde oder Marmite von Edelfischen, krönendes Finale kann die Eisbombe mit Schwarzwälder Honigeis sein. Auch der Käsewagen lässt keine Wünsche offen. Auf der herausragenden Weinkarte finden sich etliche im Eichenfass ausgebaute edle Tropfen aus Eigenanbau (Mi/Do geschl.).

36 Münstertal

›Tal der 100 Täler‹.

Hundert Täler – wie der romantische Beiname behauptet – kommen zwar nicht ganz zusammen, doch münden immerhin rund 50 Seitentäler in das nur 6 km lange, von Wiesenauen, Weiden und Wald bestandene überaus reizvolle Münstertal. Es wird vom Flüsschen *Neumagen* durchzogen, das südlich vom Schauinsland entspringt und auf seinem Weg zahlreiche Bäche und Wasserläufe aufnimmt. Wie das schmucke Schwarzwaldtal heißt auch der Hauptort am Fuß des 1414 m hohen Belchen **Münstertal** (5000 Einw.). Das lang gezogene Straßendorf wurde 1971 aus den Ortsteilen Unter- und Obermünstertal zusammengelegt und ist heute ein viel besuchter Luftkurort.

Religiöser, kultureller und wirtschaftlicher Mittelpunkt der Talschaft war fast 1000 Jahre lang das Benediktinerkloster **St. Trudpert** (Führungen im Sommer Fr 16 Uhr). TOP TIPP Um 640 errichtete der irische Mönch *Trudpert* im lieblichen Grund eine Einsiedelei, aus der rund 200 Jahre später das erste rechtsrheinische Kloster entstand. 815 konnte die karolingische Klosteranlage geweiht werden, wurde jedoch im Lauf der Jahrhunderte mehrfach zerstört und wieder aufgebaut. Das heutige barocke Erscheinungsbild des Komplexes geht im Wesentlichen auf den Vorarlberger Baumeister Peter Thumb zurück. Er ließ ab 1709 den gotischen Chor überbauen und das Langhaus der Klosterkirche neu errichten. Auch der Kirchturm entstand nach seinen Plänen neu und war schließlich

Dichtgrüne Wälder und saftige Wiesen prägen den Eingang zum Münstertal, wo Baumeister Peter Thumb mit dem heute aufgelösten Kloster St. Trudpert ein barockes Kleinod schuf

1722 mitsamt achteckigem Aufsatz und pittoresker Zwiebelkuppel vollendet. Von der *Innenausstattung* der Kirche sind die Stuckaturen der italienischen Bildhauer Carpoforo Orsati und Michelangelo de Prevostis besonders hervorzuheben. Die Deckengemälde von Francesco Antonio Giorgioli zeigen u. a. wie der hl. Trudpert von einem seiner eigenen Knechte mit einer Axt erschlagen wird.

Die Abtei wurde 1806 aufgehoben, die Stiftskirche ist seither *Pfarrkirche* von Münstertal. In den ehem. Konventsgebäuden unterhält seit 1920 der Orden der St.-Josef-Schwestern ein *Altersheim*. Die Schwestern ließen 1930 an der Südseite des Klosterkomplexes die *Mutterhauskirche* errichten, die von einer mächtigen Kuppel gekrönt wird.

Südlich des Klosters gewährt im Untermünstertaler Ortsteil Mulden das **Besucherbergwerk Teufelsgrund** (April–Mitte Juni und Mitte Sept.–Okt. Di/Do/Sa/So, Mitte Juni–Mitte Sept. Di–So, Nov. Sa/So jew. 14–17 Uhr) einen Einblick in die Bergwerksgeschichte der Talschaft. Die einstigen Silbergruben wurden bereits im Jahr 1028 erwähnt, im 18. und 19. Jh. förderte man hier Blei und Kupfererz und bis zur Stilllegung der Grube 1958 schließlich Flussspat. Im Rahmen einer Führung kann man den 500 m langen Schindlerstollen begehen. In einem Seitenstollen wird das spezielle Mikroklima unter Tage als Therapiestation für Asthmatiker genutzt.

Vom Bergwerk ist es nicht weit zum **Schwarzwaldhaus 1902** (Sommer Di/Fr/Sa 14–17 Uhr, im Winter auf Anmeldung unter Tel. 076 36/776 26). 2003 schickte die ARD in einem Vierteiler die Berliner Familie Boro auf eine Zeitreise. Seitdem ist der 250 Jahre alte Kaltwasserhof zum Pilgerort vieler begeisterter TV-Zuschauer geworden, die den Ort im Münstertal mit eigenen Augen sehen wollen, an dem die Boros unter Lebensbedingungen wie vor 100 Jahren zehn Wochen lang zurechtkommen mussten.

Interessant ist auch ein Besuch im **Bienenkundemuseum** (Mi/Sa/So 14–17 Uhr) in Obermünstertal, mit 200 m² das größte seiner Art in Europa. Dabei ist Honig und seine Herstellung nur ein Aspekt der interessanten naturkundlichen Ausstellung, es geht auch um Staatenbildung, Völkerschaften, Baumaterialien, ökologische Wechselwirkungen, medizinische Ansätze u. v. m.

i Praktische Hinweise

Information

Kurverwaltung, Wasen 47, Münstertal, Tel. 076 36/707 30, Fax 076 36/707 48, www.muenstertal.de

Hotel

*****Spielweg**, Spielweg 61, bei Obermünstertal, Tel. 076 36/70 90, Fax 076 36/7 09 66, www.spielweg.com. Luxuriöses Romantikhotel mit Freibad,

Sauna und Tennisplatz. Die Zimmer und Apartments sind im Landhausstil gehalten und zeigen Sinn fürs Detail. In der heimeligen Gaststube kann man u. a. Rohmilchkäse aus der eigenen Hofkäserei probieren.

Restaurant

Zur Linde, Krumlinden 13, Münstertal, Tel. 076 36/447. Der traditionsreiche Landgasthof nahe des Klosters St. Trudpert lädt auf der schönen Terrasse am Bach zu badischer Küche ein (Mo geschl.). Das historische Haus bietet auch komfortabel ausgestattete Gästezimmer.

37 Badenweiler

Kurvergnügen auf den Spuren der Römer.

Noch eingebettet in die Ausläufer des Südschwarzwaldes doch schon zur Rheinebene hin geöffnet, liegt der traditionsreiche **Thermalkurort** (3500 Einw.) in 426 m Höhe inmitten des lieblichhügeligen Markgräflerlandes. Bereits Kelten und Römer suchten die warmen Quellen auf, die hier aus dem Urgestein des Schwarzwalds sprudeln. Der moderne Badebetrieb begann Mitte des 19. Jh. und bis heute suchen Gäste hier Linderung vor allem bei rheumatischen und anderen bewegungseinschränkenden Beschwerden. Die 26,5 °C warmen Wasser sorgen auch für mildes Klima, sodass Badenweiler mit verschwenderisch anmutender subtropische Zierflora überrascht.

Markant erhebt sich die Burgruine der Zähringer über dem Kurpark von Badenweiler

Herzstück des gepflegten Bades ist der außergewöhnlich schöne, 12 ha große **Kurpark**, in dem sich das Kurhaus, die Römische Badruine und die Cassiopeia-Therme befinden. Der im 19. Jh. nach englischem Vorbild angelegte Garten glänzt mit subtropischer Pracht. Neben typischen Mittelmeergewächsen wie Lorbeer, Oleander, Hibiskus und Zitronenbäumchen sind hier auch Exoten aus Übersee, etwa Ginkos und Mammutbäume, zuhause. Auf dem ausgeschilderten Rundweg bieten sich herrliche Ausblicke hinab in die Rheinebene und auf den im Südosten gelegenen *Blauen* (1165 m), den rundkuppigen Hausberg von Badenweiler. Am oberen Parkrand erhebt sich der so genannte *Burgberg*, an dessen Hang sich das terrassenförmig angelegte **Kurhaus** schmiegt. Der Kontrast zwischen dem 1972 von Klaus Humpert entworfenen modernen Sichtbetonbau und der darüber thronenden Ruine einer Zähringerburg aus dem 11. Jh. könnte größer nicht sein. Im Wiesengeschoss des Kurhauses widmet sich das kleine **Tschechow-Museum** (tgl. 10–18 Uhr) dem russischen Erzähler Anton Pawlowitsch Tschechow (1860–1904), der von einer schweren Lungentuberkulose gezeichnet im Frühsommer 1904 zur Kur nach Badenweiler kam und hier am 15. Juli desselben Jahres starb.

Die **Römische Badruine** (April–Okt. tgl. 10–19, Nov.–März tgl. 10–17 Uhr) östlich vom Kurhaus ist mit dem Außenmaß von 95×33 m das größte Römerbad nördlich der Alpen. Vermutlich ließ Kaiser Vespasian die Therme um 75 n. Chr. errichten, in denen Flach- und Kaltwasserbecken sowie Schwitz- und Umkleideräume achsensymmetrisch angeordnet sind und wohl nach Geschlechtern getrennt aufgesucht wurden. Im Jahr 1784 entdeckte man die Anlage bei Bauarbeiten zufällig wieder, Ausgrabungen förderten gut erhaltene Grundmauern und Gebäudereste zutage, die heute unter einem ele-

Wie schwebend und umgeben von warmem Wasser kann man sich in einem der effektvoll illuminierten Außenpools der Cassiopeia-Therme leicht in andere Sphären träumen

gant gewölbten Glasdach in situ besichtigt werden können. Im Rahmen einer Führung (März–Okt. Di/Do 16, So 11 Uhr) ist auch der 1998 restaurierte 140 m lange Drainagekanal zugänglich.

An die archäologische Stätte schließt sich im Süden die **Cassiopeia-Therme** (tgl. 9–22 Uhr) mit dem charakteristischen Glas-Metall-Kuppelbau im Zentrum an. Das ehemalige Markgrafenbad von 1875 präsentiert sich nach grundlegendem Umbau von 1994 als gelungene Symbiose zwischen Klassizismus und Moderne und zählt zu den attraktivsten Badelandschaften im Schwarzwald. 2004 kam noch ein 1500 m^2 großer Sauna- und Wellnessbereich hinzu. Neben verschieden temperierten Innen- und Außenbecken, einem Marmorbad, Whirlpool und Strömungskanal verspricht das Römisch-Irische Dampfbad Entspannung pur – für den Badeablauf sollte man mindestens zwei Stunden einplanen.

Ausflüge

»Ein Stück Italien auf deutschem Grund«, so beschrieb der Schweizer Diplomat Carl Jacob Burckhardt (1891–1974) das sonnenverwöhnte **Markgräflerland** im Dreiländereck zwischen Südschwarzwald, Elsass und Rheinknie. In der nördlichsten Ecke der beliebten *Ferien-* und *Weinbauregion* gefällt der einstige Bergbau- und heutige Luftkurort **Sulzburg** (2500 Einw.) durch den historischen Marktplatz mit Fachwerk- und steinernen Bürgerhäusern aus dem 18. und 19. Jh. Auch die 1823 im klassizistischen Weinbrenner-Stil erbaute und nach dem Krieg wieder instand gesetzte frühere **Synagoge** (jew. erster und letzter So im Monat 16–18 Uhr) in der Gustav-Weil-Straße lohnt einen Besuch. Sulzburg war vom 16. Jh. an bis zur Zeit der Nationalsozialisten Zentrum einer blühenden jüdischen Gemeinde. Östlich der Stadt nahe des Campingplatzes im Sulzbachtal kann man den alten *jüdischen Friedhof* besuchen: etliche der Grabsteine tragen hebräische Inschriften. Hauptanziehungspunkt von Sulzburg ist die evangelische Stadtkirche **St. Cyriak** (tgl. 9–18 Uhr) am nördlichen Stadtrand. Sie wurde im Jahr 993 von Benediktinern erbaut und gilt als ältester erhaltener ottonischer Sakralbau Süddeutschlands. Die dreischiffige Pfeilerbasilika atmet noch ganz die Strenge der Romanik, nahezu unverfälscht blieb auch die Krypta unter dem Chor, deren Gewölbe einzig auf einer Mittelsäule ruht.

12 km südlich von Badenweiler erreicht man die Töpferstadt **Kandern** (7800 Einw.), den Hauptort im Markgräflerland. Die Kleinstadt liegt inmitten anmutiger Hügel und Obstgärten. Im Ortskern gruppiert sich um den *Blumenplatz* ein klassi-

Mal so richtig Dampf ablassen kann man bei einer Fahrt mit der Kandertalbahn

zistisches Ensemble von Bürgerhäusern aus dem 18. Jh. Westlich der Stadtkirche ist in einem 450 Jahre alten spätgotischen Staffelgiebelhaus das **Heimat- und Keramikmuseum** (April–Okt. So 10–12.30, Mi 15–17.30 Uhr) untergebracht. Den Schwerpunkt der Sammlung stellt Kunstkeramik der bekannten Kandener Hafnerzunft, darunter ein Kanonenofen aus dem 16. Jh. Eisenbahn-Nostalgiker können mit der historischen **Kandertalbahn** (Mai–Okt. jeden So; über Abfahrtzeiten, Fahrkarten und Sonderzüge informiert das Städt. Verkehrsamt Kandern, Tel. 076 26/97 23 56, Fax 076 26/97 23 57) von Kandern bis 13 km entfernte Haltingen bei Basel zuckeln und sich während der 45-minütigen Fahrt im offenen Aussichtswaggon die Dampfwolken der fauchenden Lok um die Nase wehen lassen.

i Praktische Hinweise

Information

Tourist Information, Ernst-Eisenlohr-Str. 4, Badenweiler, Tel. 076 32/79 93 00, Fax 076 32/79 93 99, www.badenweiler.de

Hotels

******Römerbad**, Schlossplatz 1, Badenweiler, Tel. 076 32/700, Fax 076 32/702 00, www.hotel-roemerbad.de. Das Grandhotel der alten Schule ist von einem herrlichen Park umgeben, verfügt über ein großes Thermalschwimmbad und hat sich durch die Ausrichtung kultureller Events wie die alljährlichen Musiktage einen Namen gemacht. Zum Dinner ist große Garderobe erwünscht.

*****Schwanen**, Ernst-Scheffelt-Str. 5, Badenweiler-Lipburg, Tel. 076 32/820 90, Fax 076 32/82 09 44, www.gasthof-schwanen.de. Familiär geführter Landgasthof mit 17 Zimmern und drei geräumigen Ferienwohnun-

Weinberge, so weit das Auge reicht – die sanften Hügel des Markgräflerlandes sind bekannt als Heimat feiner Weine, von Gutedel über Burgunder bis hin zu Gewürztraminer

gen. Im angeschlossenen Restaurant mit Innenhof gibt es zur badischen Küche offenen Hauswein und Hochprozentiges aus der eigenen Brennerei.

Restaurants

Hirschen, Hauptstr. 69, Sulzburg, Tel. 076 34/82 08. Kleines Lokal mit großer Küche: Die französisch inspirierte Edelgastronomie hat es auf zwei Michelinsterne gebracht und gehört zu den besten Adressen im Südwesten Deutschlands. Reservierung empfohlen (Mo und Di geschl.)

Schwarzmatt, Schwarzmattstr. 6a, Badenweiler, Tel. 076 32/820 10. In Trachten gekleidetes Personal serviert typisch Badisches wie Maultaschen und Rehrücken. Die Weinkarte offeriert die besten Tropfen aus dem Markgräflerland.

38 Wiesental

»Des Feldbergs liebliche Tochter«, um mit Johann Peter Hebel zu sprechen, oder: ein Schwarzwaldtal par excellence.

Todtnau – Schönau – Zell – Schopfheim – Lörrach – Weil am Rhein

Am Oberlauf eine stille intakte Naturlandschaft mit grünen Auen und Wäldern, am Unterlauf ein stark zersiedeltes verkehrsreiches Industriegebiet – das sind die beiden Gesichter der **Wiese**. Das Flüsschen entspringt an der Südwestseite des Feldbergs und durchfließt die ganze Südabdachung des Schwarzwaldes. Bei Maulburg nimmt die Wiese noch ihre Schwester, die Kleine Wiese auf, um schließlich als stattlicher Fluss zwischen Weil und Basel in ›Väterchen Rhein‹ zu münden. Dabei geht es auf ihrem 82 km langen Lauf mit der Wiese fast 1200 Höhenmeter abwärts.

Im oberen Wiesental rühmt sich der Luftkurort **Todtnau** (5100 Einw., 661 m), die ›Wiege des deutschen Schneeschuhsports‹ zu sein, denn 1891 wurde hier der erste Skiklub Deutschlands ins Leben gerufen. Das *Skigebiet* des Todtnauer Ferienlandes ist heute mit 22 Liften erschlossen und gehört zu den besten Wintersportplätzen im Schwarzwald. Rasante Abfahrten versprechen etwa das Hasenhorn (1158 m) oder die Hänge um den 850 m hoch gelegenen Skiort Brandenberg-Fahl, an denen schon Alpin-Weltcups ausgetragen wurden.

Wer gut klettert, kann sich die Todtnauer Wasserfälle auch aus der Nähe betrachten

Ganz auf Wintersport eingestellt ist auch der Luftkurort **Todtnauberg** (1021 m) 7 km nördlich von Todtnau. Nahe des dortigen Skiresorts stürzt der Stübenbach in den insgesamt 97 m hohen *Todtnauer Wasserfällen* in mehreren Stufen über eine Gneiswand ins Wiesental hinab. Wanderer schätzen den 2002 eröffneten aussichtsreichen *Martin-Heidegger-Rundweg*. Er erinnert an den Philosophen Martin Heidegger (1889–1976), der in Todtnauberg über vier Jahrzehnte in einer Hütte ohne Strom und fließend Wasser ein einfaches Leben lebte. Der 16,5 km lange Wanderweg beginnt auf dem 1156 m hohen Ausflugsberg Radschert und läuft mehr oder weniger Höhe haltend um das Heidegger-Haus herum.

Ebenfalls am Oberlauf der Wiese liegt der Luftkurort **Schönau** (2500 Einw., 542 m), ein altes Bergbau- und Weberstädtchen, das sich als Ausgangspunkt für Ausflüge zum Belchen anbietet. Zwar ist der Ort seit dem 10. Jh. besiedelt, doch zerstörten einige Brände sein mittelalterliches Ortsbild, sodass die neogotische Pfarrkirche *St. Maria Himmelfahrt* der einzige bauliche Anziehungspunkt der ›schönen Au‹ ist. Sie wurde 1904–07 von Raymund Jehlinger errichtet und wird

Eine Reise zum Mittelpunkt der Erde – oder fast – bietet die Erdmannshöhle im Haseltal

wegen ihres 90 m hohen Turmes (Besteigung im Rahmen einer Führung möglich, Anmeldung über die Touristeninformation) gerne auch das ›Münster des Wiesentals‹ genannt.

Weiter talabwärts erreicht man **Zell im Wiesental** (6500 Einw., 444 m). Der Ort ging aus einer vor 1000 Jahren vom Kloster Säckingen gegründeten Mönchszelle hervor und war im 18. Jh. mit einer Baumwollspinnerei und einer mechanischen Weberei ein Zentrum der Schwarzwälder Textilindustrie. Das *Wiesentäler Textilmuseum* (April–Okt. Sa/So 10–12 Uhr) in der Teichstraße gibt anhand von Webstühlen, Spinnrädern und den ersten Webmaschinen einen Einblick in die Textilmanufaktur von anno dazumal.

Imposante Mauerreste zeugen von der einst so stolzen Burg Rötteln

Südlich von Zell weitet sich das Wiesental zunehmend und bietet nahe des Zusammenflusses mit der Kleinen Wiese genügend Platz für das Industriestädtchen **Schopfheim** (17 500 Einw., 374 m). Schon im Jahr 807 als *Scofheim* beurkundet und 1250 von Markgraf Konrad I. von Rötteln zur Stadt erhoben, brachte es Schopfheim im Mittelalter durch das Salzmonopol und ab dem 18. Jh. durch die im ganzen Wiesental verbreitete Textilmanufaktur zu gewissem Wohlstand. Ältester Bau der ansehnlichen Altstadt ist die *Michaelskirche*. Sie wurde im 11. Jh. als romanische Saalkirche begonnen, erhielt jedoch nach grundlegendem Umbau und mit Errichten des quadratischen Wehrturms in der zweiten Hälfte des 15. Jh. ein spätgotisches Aussehen. Von Schopfheim aus lohnt auf der B 518 ein Abstecher ins *Haseltal* zur **Erdmannshöhle** (April/Okt. tgl. 13–17, Mai–Sept. tgl. 10–17 Uhr). Die für den Schwarzwald einzigartige *Tropfsteinhöhle* wurde 1753 entdeckt und kann im Rahmen einer Führung auf 560 m Länge begangen werden. Im Lauf von Jahrmillionen bildete durch den porösen Muschelkalk sickerndes Wasser bis zu 4 m hohe bizarr geformte Stalagmiten und Stalaktiten.

Von Schopfheim weiter durch das nun westwärts verlaufende Wiesental erreicht man auf halbem Weg nach Lörrach den **Vogelpark Steinen** (März/April/Okt. tgl. 10–18, Mai–Sept. tgl. 9–18, Nov. 10–17 Uhr, www.vogelpark-steinen.de). Auf dem 10 ha großen Gelände sind 300 Vogelarten aus aller Welt zuhause. Die Hauptattraktion ist eine *Falkner-Show* (tgl. 11 und 15 Uhr) mit Flugvorführungen von Adlern, Falken und Eulen. Der Freizeitpark umfasst auch ein Schaubruthaus, ein Arboretum sowie ein Freigehege mit Berberaffen.

In **Lörrach** (294 m) am dicht besiedelten Ausgang des Wiesentales darf man keine Schwarzwaldromantik erwarten. Mit 45 000 Einwohnern ist die Große Kreisstadt das wirtschaftliche Zentrum

Mit Kurven, Kuben und überraschenden Winkeln entwarf Architekt Frank O. Gehry den ungewöhnlichen Hauptbau des Vitra Design-Museums in Weil am Rhein

und wichtigster Verkehrsknotenpunkt der Region Oberbaden. Im Brennpunkt der Geschichte stand die Stadt 1848, als auf dem Höhepunkt der Badischen Revolution der Freischärler *Gustav Struve* (1805–1870) vom Rathausbalkon die Deutsche Republik ausrief. Gegenüber der klassizistischen evangelischen Stadtkirche zeigt in der Basler Straße das namhafte *Museum am Burghof* (Mi–Sa 14–17, So 11–17 Uhr) neben Exponaten zur Heimatgeschichte sehenswerte mittelalterliche Altarbilder und spätgotische Skulpturen, etwa die Dinkelberger Madonna (um 1500). Nördlich des Zentrums überragt die imposante **Burgruine Rötteln** (April–Okt. tgl. 10–18 Uhr) den Ortsteil Hagen. Im 13. Jh. erbaut, war sie bis zur Brandschatzung durch die Franzosen 1678 eine der größten mittelalterlichen Festungsanlagen in Oberbaden. Mit ihren zwei Türmen und den mächtigen Mauern wirkt sie auch noch als Ruine imposant. Vom Bergfried aus bietet sich zudem ein weiter Blick ins vordere Wiesental.

Für Freunde moderner Architektur und extravaganten Designs ist in der Grenzstadt **Weil am Rhein** das *Vitra Design-Museum* (Di–So 11–18 Uhr, www.design-museum.de) ein Muss. Zentraler Blickfang des Architekturparks, der u. a. eine geodätische Kuppel (1950) von Richard Buckminster Fuller und das Feuerwehrhaus (1993) von Zaha Hadid umfasst, ist der aus kubischen Elementen gestaltete Museumsbau (1989) des kalifornischen Stararchitekten *Frank O. Gehry*. Die ständige Ausstellung zeigt industrielles Möbeldesign vom Beginn der Massenproduktion im 19. Jh. bis zur Postmoderne, darunter eine weltberühmte Stuhlkollektion mit Objekten von Karl Friedrich Schinkel bis Le Corbusier.

i Praktische Hinweise

Information

Verkehrsverein Zell im Wiesental, Schopfheimer Str. 3, Zell im Wiesental, Tel. 076 25/92 40 92, Fax 076 25/133 15, www.zeller-bergland.de

Touristeninformation Burghof Lörrach, Herrenstr. 5, Lörrach, Tel. 076 21/94 08 13, Fax 076 21/940 89 14, www.loerrach.de

Einkaufen

Glasbläserhof, Tal 6, Todtnau-Aftersteg (3 km nördlich von Todtnau), Tel. 076 71/80 50, tgl. 9.30–18 Uhr. Die Glashütte in

Der Berg hinter dem Berg hinter dem Berg – vom Belchen sieht man scheinbar endlos

Auf dem Belchen

TOP TIPP

Der Heimatdichter Johann Peter Hebel (1760–1826) feierte in überschwänglichen Versen den **Belchen** als »die erste Station von der Erde zum Himmel«. Tatsächlich bietet der mit 1414 m dritthöchste **Schwarzwaldberg** ein Panorama, das seinesgleichen sucht. Die unbewaldete Kuppe überragt ihre Nachbargipfel um mindestens 150 m und erlaubt an klaren Tagen eine ungehinderte Fernsicht auf Feldberg, Alpen und Vogesen. Seit Dezember 2001 ist die Zufahrtsstraße zum Gipfel für den Individualverkehr gesperrt. Von Schönau bzw. Münstertal fährt man bis zum Parkplatz Jägerstüble in Multen, von dort verkehrt ganzjährig die 2001 eröffnete **Gondelbahn** (tgl. 9.30–17 Uhr, Tel. 076 73/88 82 80) zum Berggasthof Belchenhaus (Mo geschl.), der 15 Gehminuten unterhalb des Gipfels liegt.

dem 200 Jahre alten Schwarzwaldhaus offeriert in einem großen Verkaufsraum ein breites Angebot an Kristallwaren aus eigener Herstellung. Mit täglichen Demonstrationen am Glasofen und einem angeschlossenen Restaurant.

Hotel

***Schlüssel**, Zell-Pfaffenberg 2 (4 km nordöstlich von Zell im Wiesental), Tel. 076 25/92 48 61, Fax 076 25/92 48 62, www.berggasthof-schluessel.de.
Der behagliche Landgasthof in einem Seitental oberhalb des Wiesentals ist eine Adresse für naturverbundene Erholungssuchende. Jedes der einfach eingerichteten Zimmer verfügt über einen aussichtsreichen Balkon.

Restaurant

Wasserschloss Inzlingen, Riehenstr. 5, Inzlingen, Tel. 076 21/470 57. Das romantische Wasserschloss 6 km südöstlich von Lörrach bietet in rustikalem Rahmen Erlesenes aus Küche und Keller, empfehlenswert ist das Fischmenü (Di/Mi geschl.). Dem Restaurant ist ein komfortables Gästehaus angeschlossen.

39 St. Blasien

Kleiner Kurort mit großem Dom.

Tief eingeschnitten ist das Tal der Alb, in dem sich der 762 m hoch gelegene **heilklimatische Kurort** St. Blasien (4 500 Einw.) befindet. Ob man von Norden, Westen oder Osten auf das Städtchen zufährt, immer fällt als erstes die riesige kupfergrüne Kuppel des Doms ins Auge. Sie gehört zur Kirche des ehem. Benediktinerklosters, um das herum die Kleinstadt entstanden ist, die heute den kulturellen Mittelpunkt der ansonsten nur dünn besiedelten Talschaften südlich des Feldbergs darstellt.

St. Blasiens Geschichte begann im frühen 9. Jh., als vermutlich aus dem Kloster Rheinau bei Schaffhausen eingewanderte Einsiedler im bis dato unbesiedelten Albtal die *Cella Alba* gründeten. Nach der Überführung einer Reliquie des hl. Blasius nannte sich die Mönchszelle ab 858 **Cella Sancti Blasii** und erhielt 983 den Status einer eigenständigen Abtei. Der Erwerb der Herrschaft Bonndorf zu Beginn des 17. Jh. machte das prosperierende Kloster zu einem der größten Landbesitzer im südlichen Schwarzwald. Ab 1746 erhielten die Klostervorsteher von Kaiserin Maria Theresia den Rang von Fürstäbten zugesprochen und übernahmen so auch die weltliche Macht, die sich fast über den gesamten Hotzenwald und über weite Teile des Breisgaus erstreckte. 1768 brannte das gesamte Kloster bis auf die Grundmauern ab, woraufhin Fürstabt

Wer würde in der Abgeschiedenheit des Südschwarzwalds die drittgrößte Kirchenkuppel Europas vermuten? Und doch ist es so – im Dom von St. Blasien

Architekt Michel d'Ixnard empfand die gewaltige Domkuppel mit 33,5 m Durchmesser dem römischen Pantheon nach; im Zentrum ehrt das Deckengemälde den hl. Benedikt

Martin II. Gerbert (1720–1793) den französischen Architekten Michel d'Ixnard mit einem großartigen Neubau beauftragte.

TOP TIPP So entstand in den Jahren 1771–83 der **Dom** von St. Blasien, eine sichtlich vom römischen Pantheon inspirierte Kuppelkirche. Das monumentale Meisterwerk des Frühklassizismus ist mit 63 m Höhe und einem Durchmesser von 36 m eine der größten Kuppelkirchen Europas. Man betritt die weite Rotunde durch einen von zwei quadratischen Uhrtürmen eingefassten Säulenportikus. Unweigerlich richtet sich der Blick nach oben in die weiße, von 20 korinthischen Säulen getragene halbkugelförmige lichte Kuppel, die von 18 Bogenfenstern durchbrochen wird. Ein rundes Deckenfresko von Johann Christian Wentzinger zeigt den hl. Benedikt im Zentrum. Die Innenausstattung gibt sich betont schlicht, so manches Kunstwerk fiel der Säkularisierung 1806 zum Opfer. Wunderschön ist die **Orgel**, die den Kuppelraum vom Mönchschor trennt. Sie kommt bei den internationalen Sommerkonzerten zum Einsatz, die Ende Juni bis Anfang September im Dom stattfinden. Die dreimanualige Orgel entstand 1912/13 in Anlehnung an das Gehäuse einer ursprünglich hier befindlichen Orgel von Johannes Silbermann aus dem Jahr 1775, die bereits 1808/09 in eine Karlsruher Kirche gebracht und dort während des Zweiten Weltkrieges zerstört worden war.

Im gepflegten Kurgarten westlich des Doms erkennt man das **Amtsgerichtsgebäude**, ein ehem. Wirtschaftsgebäude des Klosters, leicht an der prächtig gemalten Sonnenuhr an der Südwand. Auch das heutige **Haus des Gastes** am westlichen Rand des Kurgartens war Teil des Klosters und beherbergte bis 1806 den Reit- und Fahrstall der fürstlichen Hofhaltung. Heute informiert darin das kleine *Kreismuseum* (Di–So 14.30–17 Uhr) über die Geschichte des Klosters und Domes.

Profanen Zwecken dient dagegen in der Hauptstraße das **Haus Schmidt-Arkaden** von 1780. Durch seine verspielte doppelstöckige Balkongalerie und den aufgesetzten Dachreiter wirkt das 1980 mit den angrenzenden *Haus Weißenberger* zusammengelegte heutige Modekaufhaus äußerst fotogen.

Ausflüge

In dem Luftkurort **Bernau** (2000 Einw., 917 m) am Fuß des Herzogenhorn (1415 m) lohnt im Rathaus des Ortsteils Innerlehen das *Hans-Thoma-Museum* (Mitte Dez.–Mitte Nov. Di–Fr 10–12, 14–17, Sa/So 10.30–12, 14–17 Uhr) einen Besuch. Naturalistische Landschaftsbilder und Szenen aus dem bäuerlichen Leben machten den in Bernau-Oberlehen geborenen Schwarzwaldmaler Hans Thoma (1839– 1924) weit über seine Heimat bekannt. Rund 80 Ölgemälde und Grafiken geben einen Einblick in das Werk des Künstlers, hervorzuheben sind hier vor allem die ›Zitronenverkäuferin‹ (1880) und die stimmungsvolle Flusslandschaft ›Am Rhein bei Bad Säckingen‹ (1890).

Südlich von Bernau hat sich **Todtmoos** (2300 Einw., 821 m) am Südhang des Hochkopfes (1263 m) zu einem viel besuchten heilklimatischen Kurort und Wintersportplatz entwickelt. Zahlreiche Besucher lockt alljährlich im Januar das *Schlittenhunderennen* an, bei dem über 100 Husky-Gespanne aus aller Welt um den Sieg laufen. Die Pfarrkirche des Ortes, *St. Mariä Himmelfahrt*, ist seit dem 14. Jh. Ziel von Wallfahrern, verehrt wird ein im Hochaltar befindliches Gnadenbild. In dem schmucken, 1625–32 entstandenen Barockkirchlein sind vor allem die Stuckaturen des Wessobrunner Künstlers Johann Caspar Gigl sehenswert. Hübsch anzuschauen ist in der Murgtalstraße das *Heimethus* (Mi/Fr/So 14.30–17 Uhr, Mitte Juni–Sept. auch Di und Do) mit gemauertem Grundstock, zwei weiteren, aus Holz aufgeführten Stockwerken und tief herabgezogenem schindelgedecktem Walmdach. In dem 250 Jahre alten Schwarzwaldhaus vermittelt ein kleines Museum Einblicke in die bäuerliche Lebensart des 19. Jh. Das in der guten Stube untergebrachte *Standesamt* bildet den Rahmen für romantische Hochzeiten.

i Praktische Hinweise

Information

Tourist Information St. Blasien, Am Kurgarten 1–3, St. Blasien, Tel. 076 72/414 30, Fax 076 72/414 38, www.st.blasien.de

Kurverwaltung Todtmoos, Wehratalstr. 19, Todtmoos, Tel. 076 74/906 00, Fax 076 74/90 60 25, www.todtmoos.de

Hotel

***Café Kurgarten**, Fürstabt-Gerbert-Str. 12, St. Blasien, Tel. 076 72/527. Günstige Frühstückspension in ruhiger Lage direkt am Kurgarten mit acht einfach eingerichteten Balkonzimmern.

Restaurant

Krone, Hauptstr. 27, St. Blasien, Tel. 076 72/22 12. In typischem Schwarzwaldambiente kommt solide bürgerliche Küche auf den Tisch. Spezialität des Hauses sind Forellen aus eigener Zucht (So abends und Mo geschl.).

40 Bad Säckingen

Trompeterstadt am Hochrhein.

Das **Heilbad** Bad Säckingen (17 00 Einw.) besticht durch seine beschauliche Lage am rechten Rheinufer und bietet sich als Ausgangspunkt für einen Abstecher ins Nachbarland Schweiz an. Der verkehrsberuhigte mittelalterliche Stadtkern ist auch für sich allein eine Entdeckung wert. Weithin bekannt wurde die Stadt am Hochrhein durch das volkstümliche Versepos ›Der Trompeter von Säckingen‹ (1854) von *Joseph Victor von Scheffel* (1826–1886). Als Vorlage für die romantisch verklärte Liebesgeschichte dienten dem Dichter die Adelige Maria Ursula von Schönau (1632–1691) und der Säckinger Burgtrompeter Franz Werner Kirchhofer (1633–1690), die sich mit einer Liebesheirat über alle Standesgrenzen ihrer Zeit hinwegsetzten.

Geschichte Ursprünglich lag Säckingen auf einer kleinen **Rheininsel**, archäologische Funde belegen, dass auf ihr

Unverdrossen bläst der Trompeter von Bad Säckingen vor Schloss Schönau ins Horn

schon Kelten und Alemannen siedelten. Zu Beginn des 6. Jh. gründete der irische Mönch Fridolin (um 460–538) als einer der ersten christlichen Missionare am Hochrhein auf dem Inselchen eine **Mönchszelle**. Aus der Einsiedelei entwickelte sich ein Doppelkloster, wobei das der Mönche bald im Schatten des 878 erstmals urkundlich erwähnten adeligen Damenstifts *Seckinga* stand. Die weltlichen Schutzherren der Merowinger und Karolinger statteten es großzügig mit Ländereien aus, ebenso ihre Habsburger Nachfolger ab dem 12. Jh. Im Jahr 1307 wurden die Äbtissinnen gar in den **Reichsfürstenstand** erhoben und bestimmten fortan auch die Geschicke der vor den Klostertoren entstandenen Siedlung.

Kurzzeitig (in den Jahren 1741–45), von französischer Besatzung unterbrochen, blieb Säckingen bis 1805 unter österreichischer Landeshoheit und fiel dann an das **Großherzogtum Baden**. 1830 legte man den rechten Rheinarm um die Siedlung trocken, hob so die bisherige Insellage auf und gewann durch Aufschüttung neuen Raum, auf dem sich das wachsende Städtchen nun ungehindert ausbreiten konnte. Schon damals wusste man von den heilkräftigen Wassern im Gemeindegebiet, die jedoch erst im 20. Jh. systematisch erschlossen wurden. Seit der Anerkennung zum Heilbad 1978 profitiert die angenehme Kleinstadt zunehmend vom **Bädertourismus** und machte sich vor allem durch ihre auf Rheuma und Durchblutungsstörungen spezialisierten Kurkliniken einen guten Namen.

Besichtigung Einen Rundgang durch die Trompeterstadt beginnt man am besten an dem die Altstadt überragenden **Fridolinsmünster**. Die dreischiffige Basilika mit markanter Zwillingsturmfassade ruht auf den Fundamenten einer karolingischen Vorgängerkirche, von der allein die Krypta erhalten blieb. Der gotische Bau aus dem 14. Jh. wurde Anfang des 18. Jh. barockisiert. Für die ornamentalen Stuckaturen und Putten zeichnet der Wessobrunner Johann Michael Feuchtmayr verantwortlich. Innen schildern Fresken von Franz Joseph Spiegler im Deckengewölbe und an den Wänden im Langhaus Szenen aus der Fridolinslegende. Der **Alte Hof** nordöstlich des Münsters war ab dem 14. Jh. Sitz der Reichsfürstin. An dieser ebenfalls barockisierten Residenz legte man 1974 bei Restaurierungsarbeiten einen Teil der rund 400 Jahre alten figürlichen Fassadenmalerei aus dem 16./17. Jh. frei.

Der **Marktplatz** gegenüber dem Münster ist von herausgeputzten Bürgerhäusern umstanden, die meisten von ihnen gehen auf die Zeit nach dem verheerenden Stadtbrand von 1678 zurück. Besonders gefällig wirkt die mit Motiven

Die rebellischen Salpeterer

Ein ganz eigenes Fleckchen Erde ist der **Hotzenwald**, der sich im Südschwarzwald von den Todtmooser Höhen und St. Blasien bis hinab zum Hochrhein zieht und der im Westen vom Wehratal, im Osten von der Schwarza begrenzt wird. Das Gebiet umfasst in etwa die alte vorderösterreichische Grafschaft Hauenstein. Die Habsburger waren es auch, die im 13. Jh. die Hotzen, wie die Waldbewohner genannt wurden, als Ausgleich für ihr entbehrungsreiches Leben als Rodungsbauern mit gewissen **Privilegien** ausstatteten. Sie waren **Freie**, hatten ihre eigene Gerichtsbarkeit und verwalteten sich selbst. Als das mächtige Kloster St. Blasien diese Rechte im 18. Jh. beschneiden wollte [s. S. 121], setzten sich die Wäldler zur Wehr und es kam zu den **Salpetereraufständen**, unter Führung des Salpetersammlers (Salpeterer) Johann Fridolin Albiez (1654–1727). Doch den freiheitsliebenden Hotzen war kein Erfolg beschieden, ihre führenden Köpfe wurden hingerichtet oder mit ihren Familien ins Banat zwangsumgesiedelt.

Bewahren konnte der Hotzenwald bis heute seinen ausgesprochen **ländlichen Charakter**. Die dünn besiedelte Region ohne Städte wird von Einödhöfen und Weilern wie Görwihl, Höchenschwand und dem als ›Rosendorf‹ bekannten Nöggenschwiel geprägt, die sich vornehmlich auf den schmalen Hochflächen zwischen den Tälern angesiedelt haben. Andererseits gelten die Waldstücke, Weiden und Wiesen als regelrechtes Paradies für Erholungssuchende und Wanderer.

Das ursprünglich gotische Fridolinsmünster von Bad Säckingen wurde im 18. Jh. aufwendig barockisiert

aus der Dichtung von Josef Victor von Scheffel bemalte Fassade am Haus **Zur Fuchshöhle**.

Über die Rheinbrückenstraße kommt man hinab zur **Gedeckten Holzbrücke**, die sich über den Rhein nach Stein auf dem Schweizer Flussufer spannt. Mit etwas mehr als 200 m Länge gilt das Wahrzeichen von Säckingen als die längste Holzbrücke Europas. Sie ruht auf massigen, teils bereits um das Jahr 1575 errichteten Brückenpfeilern, die Holzkonstruktion wurde zuletzt 1990 erneuert. Über den Rheinuferweg erreicht man flussabwärts das **Schloss Schönau**, nach dem Schauplatz von Scheffels Dichtung auch Trompeterschlössle genannt. Die Herren von Schönau, die hier als Amtsvögte residierten, hatten das ehem. Wasserschloss um 1600 errichten lassen. Unter dem von polygonalen Ecktürmen eingefassten Satteldach zeigt in der zweiten Etage das *Trompetermuseum* (Di/Do/So 14–17 Uhr) eine sehenswerte Trompetensammlung aus den letzten drei Jahrhunderten. Unter den rund 110 Exponaten zählt die Prunkausführung einer Naturtrompete von 1746 zu den ältesten Modellen.

i Praktische Hinweise

Information

Kurverwaltung, Waldshuter Str. 20, Bad Säckingen, Tel. 077 61/568 30, Fax 077 61/56 83 17, www.bad-saeckingen.de

Schiff

Von der Anlegestelle am Schlosspark kann man mit dem Fahrgastschiff ›Trompeter von Säckingen‹ den Rhein flussabwärts bis Schwörstadt fahren (Ostern – Okt., Fahrplanauskunft über die Kurverwaltung).

Hotel

****Schweizerblick**, Schneckenhalde 1, Bad Säckingen, Tel. 077 61/925 20, Fax 077 61/92 52 50, www.schweizerblick.de. Modernes Haus in ruhiger Lage am Kurpark, etwa 10 Gehminuten von der Innenstadt entfernt. Alle 22 großzügig geschnittenen Zimmer haben einen Balkon, Gäste dürfen hauseigene Fahrräder kostenlos ausleihen.

Restaurant

Zur Fuchshöhle, Rheinbrückenstr. 7, Bad Säckingen, Tel. 077 61/93 37 67. Hinter der bemalten Fassade eines Bürgerhauses aus dem 17. Jh. wird feine Regionalküche aufgetischt (So geschl.).

Café

Schlosspark-Café, Schlosspark, Bad Säckingen, Tel. 0 77 61/93 60 04. Verträumtes Plätzchen, von dessen schattiger Terrasse man bei Kaffee und Kuchen genießerisch den Blick über den Rhein schweifen lassen kann.

41 Waldshut-Tiengen

Doppelstadt am Rhein mit zwei historischen Stadtkernen und bewegter Geschichte.

Die **Kreisstadt** Waldshut-Tiengen (23 000 Einw.) an der Grenze zur Schweiz ist das wirtschaftliche und kulturelle Zentrum am Hochrhein. Das gegenüber der Aaremündung auf einer Terrasse über dem Rheinufer gelegene Waldshut bildet sozusagen die südöstlichste Ecke des Schwarzwaldes, während Tiengen etwa 8 km weiter östlich, bereits dem Klettgau zuzurechnen ist.

Geschichte Die ältere der beiden Städte ist **Tiengen**, auf dessen Gemarkung schon Kelten, Alemannen und Römer Spuren hinterließen. Das 858 erstmals urkundlich erwähnte Tiengen entwickelte sich im 12. Jh. zu einem befestigten Marktflecken, von dem im Jahr 1146 der Zisterzienser *Bernhard von Clairvaux* (1090–1153) zum Kreuzzug aufrief. Unter den Grafen von Sulz avancierte die Siedlung 1482 zum Hauptort des Klettgau, fiel nach dem Aussterben der Sulzer 1687 an die Fürsten von Schwarzenberg und wurde 1806 dem Großherzogtum Baden eingegliedert. **Waldshut** ist eine Gründung der Habsburger. Sie legten die befestigte Stadt Mitte des 13. Jh. an, um ihre Besitzungen im Südschwarzwald zu kontrollieren. Wiederholt musste sich die ›Hüterin des Waldes‹ gegen eidgenössische Angreifer zur Wehr setzen. Auch große Stadtbrände, zuletzt 1724, machten ihr schwer zu schaffen. Während der Industrialisierung siedelten sich ab der Mitte des 19. Jh. Textil verarbeitende und chemische Betriebe an. Die verstärkte Nutzung der Wasserkraft durch die 1932 und 1942 in Betrieb genommenen Kraftwerke Albbruck-Dogern und Schluchsee sorgte für zusätzliche wirtschaftliche Impulse.

Im Zuge der baden-württembergischen Gemeindereform schlossen sich 1975 Waldshut und Tiengen zu einer Kreisstadt zusammen.

Besichtigung Herzstück der Altstadt von **Waldshut** ist die autofreie **Kaiserstraße**, die im Westen vom Unteren Tor (Basler Tor) und im Osten vom Oberen Tor (Schaffhauser Tor) abgeschlossen wird. Die Namen der beiden mittelalterlichen Tortürme weisen bereits auf die Nähe zur Schweiz hin. Und auch architektonisch sind an der geschlossenen Front der alten Bürgerhäuser mit den vorspringenden Giebeln und Dachgauben Anleihen von den eidgenössischen Nachbarn unverkennbar. Typisch ist die weit auslaufende Giebelhaube am **Haus Zum wilden Mann**, einem ehem. Zunfthaus aus dem 17. Jh. Hinter der bemalten Fassade versteckt sich eine Zunftstube mit prächtiger Kassettendecke (Besichtigung nach Absprache mit der Tourist Information, s. u.). Auch das 1726 abgebrannte und 40 Jahre später von Ferdinand Weitzenegger neu aufgebaute **Rathaus** mit barocker Fassade und einem aufgesetzten behelmten Dachtürmchen fällt auf. Mitten durch die Kaiserstraße plätschert munter der Stadtbach, auf beiden Seiten laden Terrassenlokale zum Verweilen ein. In der **Alten Metzig** westlich des Rathauses war bis 1877 das städtische Schlachthaus untergebracht. In den Stockwerken über dem gewölbten Durchgang zeigt ein kleines *Kunst- und Heimatmuseum* (Tel. 077 51/83 31 99, So 14–17 Uhr) jährlich wechselnde Ausstellungen zu Kunst, Literatur und Volkskunde am Hochrhein.

Bis ins 19. Jh. gehörte das Tiengener Schloss den Herren von Sulz und Schwarzenberg

Aushängeschild und Flaniermeile von Waldshut ist die Fußgängern vorbehaltene Kaiserstraße, die an ihrem östlichen Ende vom Oberen Tor abgeschlossen wird

Wahrzeichen der stimmungsvollen Altstadt von **Tiengen** ist der runde **Storchenturm**. Er ist ein Relikt aus dem 13. Jh. und wurde im 15. Jh. um eine von einem Zeltdach abgeschlossene viereckige Holzlaube erhöht. Oberhalb der einladenden Altstadtgassen liegt das **Tiengener Schloss**, die ehemalige Residenz der Herren von Sulz und Schwarzenberg. Die seit dem 16. Jh. mehrfach erweiterte Anlage mit schönen Staffelgiebeln beherbergt heute das *Klettgau-Museum* (April– Okt. Do 16–18, So 10.30–11.30 Uhr, sonst nach Voranmeldung, Tel. 07741/4733), das sich der Ur- und Frühgeschichte der an den Südschwarzwald angrenzenden Gäulandschaft widmet. Die barocke Schlosskirche **St. Maria Himmelfahrt** (1753–55) entstand nach einem Entwurf von Peter Thumb, der geschickt den gotischen Turmunterbau einer Vorgängerkirche in das Gotteshaus integrierte. Beachtenswert sind neben dem neobarocken Hochaltar die von Eusebius Gabriel geschaffenen Gewölbefresken (um 1769).

Ausflug

Kaum ein Besucher lässt sich die Gelegenheit entgehen, von Waldshut-Tiengen aus einen Abstecher von etwa 20 km Länge nach Osten in die Schweiz zu machen, wo nahe der Stadt Schaffhausen der **Rheinfall** donnernd braust. Es ist ein beeindruckender Anblick wie die Wassermassen auf einer Breite von 150 m schäumend und gischtsprühend eine 23 m hohe Kalkschwelle hinabstürzen – je nach Jahreszeit und Pegelstand 250–600m³ Wasser pro Sekunde.

i Praktische Hinweise

Information

Tourist Information Waldshut, Wallstr. 26, Waldshut, Tel. 07751/833200, Fax 07751/833126, www.waldshut-tiengen.de

Schiff

Rhein-Schifffahrt Waldshut-Tiengen, Bootsanlegestelle am Rheinweg, Waldshut, Tel. 07751/833240, www.rhein-schiffahrt.de. Bietet ein- bis zweistündige Rheinfahrten sowie Fähre nach Full in der Schweiz (Nov.–März Mo/Di/Do–Sa stdl. 9–18, April–Okt. Mo–Sa 9–18, So 13–18 Uhr).

Hotel

****Waldshuter Hof**, Kaiserstr. 56, Waldshut, Tel. 07751/2008, Fax 07751/875170, www.waldshuter-hof.de. Zentral gelegenes Stadthotel mit 21 gemütlichen Zimmern.

Schwarzwald aktuell A bis Z

Vor Reiseantritt

ADAC Info-Service:
Tel. 018 05/10 11 12, Fax 018 05/30 29 28 (0,14 €/Min.)

ADAC im Internet:
www.adac.de
www.adac.de/reisefuehrer

Schwarzwald im Internet:
www.schwarzwald-tourismus.info

Informationen vor Ort erteilt die **Schwarzwald Tourismus GmbH**, Ludwigstr. 23, 79104 Freiburg, Tel. 07 61/296 22 71, Fax 07 61/296 22 70, mail@schwarzwald-tourismus.de

Geschäftsstelle Pforzheim, Postfach 10 06 66, 75106 Pforzheim, Tel. 072 31/14 73 80, Fax 072 31/147 38 20, touristik@schwarzwald-tourismus.de

Zimmer vermittelt die **Schwarzwald Tourismus GmbH**, Außenstelle VS, Schwenniger Straße 3, 78048 Villingen-Schwenningen, Tel. 0 77 21/84 64 10, Fax 0 77 21/84 64 11, service@schwarzwald-tourismus.de

Allgemeine Informationen

Tourismusämter

Fremdenverkehrsbüros oder Kurverwaltungen sind unter **Praktische Hinweise** bei den jeweiligen Orten angegeben.

Notrufnummern und Adressen

Einheitlicher Notruf: Tel. 112 (EU-weit, auch mobil: Polizei, Unfallrettung, Feuerwehr)

ADAC-Pannenhilfe:
Tel. 018 02/22 22 22 (0,06 €/Min.) (rund um die Uhr), Mobil-Tel. 22 22 22

ADAC Stau-Info: Mobil 224 99 (0,51 €/Anruf plus Verbindungskosten)

ADAC-Rettungshubschrauber:
Tel. 110 oder 112

ADAC-Geschäftsstelle: ADAC-Südbaden, Am Karlsplatz 1, 79098 Freiburg i. Breisgau

Österreichischer Automobil Motorrad und Touring Club
ÖAMTC Schutzbrief-Nothilfe:
Tel. 00 43(0)251 20 00

Touring Club Schweiz
TCS Zentrale Hilfsstelle:
Tel. 00 41(0)224 17 22 00

Schwarzwald Card

Mit der relativ preisgünstigen Gästekarte können Besucher April – Okt. mehr als 140 Ausflugsziele im Schwarzwald – etwa Museen, Thermalbäder, Freizeitparks, Bergbahnen und Schifffahrten – kostenlos besuchen oder befahren. Erhältlich ist die Schwarzwald Card in Touristenbüros, Kurverwaltungen und den großen Hotels oder direkt bei: **Schwarzwald Tourismus GmbH**, Ludwigstr. 23, 79104 Freiburg, Tel. 07 61/296 22 71, Fax 07 61/296 22 70, www.schwarzwaldcard.info

Anreise

Auto

Die Randbereiche des Schwarzwalds sind bestens mit Fernstraßen erschlossen. Die A 5 Karlsruhe–Freiburg–Basel läuft im Rheintal am Westrand des Gebirges entlang. Der bequemste Zugang in den Nordschwarzwald erfolgt über die A 8 Karlsruhe–Pforzheim–Stuttgart. Den Ostrand erschließt die A 81 Stuttgart– Villingen-Schwenningen–Bodensee. Im Süden führt die B 34 entlang des Hochrheins über Bad Säckingen und Waldshut-Tiengen nach Schaffhausen.

Umfangreiches **Informations-** und **Kartenmaterial** können Mitglieder des ADAC kostenlos bei den ADAC-Geschäftsstellen oder unter Tel. 0 18 05/10 11 12 (0,14 €/Min.) anfordern. Außerdem sind im ADAC-Verlag erschienen: FreizeitKarte *Schwarzwald* (1:100 000), *FreizeitAtlas Baden-Württemberg* (1:100 000), die RadTourenKarten *Nördlicher*, *Mittlerer* und *Südlicher Schwarzwald* (1:75 000), 20 *Wander&Radkarten* (1:30 000) sowie die Stadtpläne *Baden-Baden*, *Freiburg*, *Offenburg*, *Pforzheim* und *Villingen-Schwenningen* (www.adac-verlag.de/karten).

Bahn

Intercity-Züge ab Berlin halten in Baden-Baden und Freiburg, ab Bremen zusätzlich in Offenburg. Von Hannover fährt der Interregio *Schwarzwald* über Offenburg, Triberg und Villingen – diese Mittelgebirgsstrecke ist auch als Schwarzwaldbahn bekannt – nach Konstanz am Bodensee. Der Interregio *Höllental* verkehrt ab Norddeich durch das Ruhrgebiet über Freiburg und Titisee bis Schluchsee.

Autoreisezüge fahren von Berlin, Bremen, Düsseldorf, Köln und Hannover bis Lörrach (Basel).

Fahrplanauskunft:

Deutschland

Deutsche Bahn, Tel. 118 61 (gebührenpflichtig), Tel. 08 00/150 70 90 (sprachgesteuert), www.bahn.de

DB Autoreisezug, Tel. 018 05/24 12 24, www.dbautozug.de

Österreich

Österreichische Bundesbahn,
Tel. 05 17 17, www.oebb.at

Schweiz

Schweizerische Bundesbahnen,
Tel. 09 00 30 03 00, www.sbb.ch

Wer eine oder mehrere Übernachtungen im Schwarzwald gebucht hat, kann für An- und Abfahrt per Bahn das günstige **Schwarzwald-Ticket** anfordern. Vertrieb durch:

Karlsruher Messe- und Kongress-GmbH, Tourismus
Postfach 1208, 76002 Karlsruhe,
Tel. 07 21/37 20 53 88, Fax 07 21/37 20 53 99,
www.karlsruhe.de/tourismus.

Bus

Zahlreiche Busunternehmen haben den Schwarzwald als Reiseziel im Programm. Eine Übersicht bietet:

DZT Deutsche Zentrale für Tourismus e. V., Beethovenstr. 69, 60325 Frankfurt/Main, Fax 069/75 19 03,
www.deutschland-tourismus.de

Flugzeug

Der Schwarzwald kann per Linienflug über die int. Flughäfen Stuttgart-Echterdingen (Tel. 07 11/9 48 33 88), Euro Airport Basel-Mulhouse-Freiburg (Tel. 00 41/613 25 31 11) oder Zürich-Kloten (Tel. 09 00/30 03 13) angeflogen werden.

Bank und Post

Bank

Banken und Sparkassen haben in der Regel Mo–Fr 9–16.30 Uhr geöffnet.

Post

Postämter in den größeren Städten sind durchgehend Mo–Fr 8–18, Sa 8–13 Uhr geöffnet. In kleineren Orten sind die Schalterzeiten oft eingeschränkt.

Einkaufen

Öffnungszeiten

Die Geschäfte in den großen Städten sind in der Regel durchgehend Mo–Fr 8–18.30 (in den Einkaufspassagen bis 20 Uhr), Sa 8–13 Uhr geöffnet. In kleineren Orten auf dem Lande wird oft 13–14 Uhr eine Mittagspause eingelegt. In den touristischen Zentren haben Boutiquen und Souvenirläden auch So offen.

Souvenirs

Zu den beliebtesten Mitbringseln aus dem Schwarzwald gehören **kulinarische Spezialitäten**, allen voran Schinkenspeck, Kirschtorte und Kirschwasser sowie würziger Tannenhonig. Am besten kauft man direkt beim Erzeuger ein, etwa auf einem der zahlreichen Bauernmärkten in den Städten und Ortschaften des Schwarzwaldes. Ein besonders schöner ist der

Bauernmarkt Höchenschwand,
Frohenschwand 17, www.bauernmarkt-hoechenschwand.de

Aufpassen heißt es beim Kauf einer der beliebten **Kuckucksuhren**. Für Produkte aus dem Schwarzwald bürgt das Gütesiegel des ›Förderverein Kuckucksuhr‹. Etliche Glasbläsereien bieten geschmackvolle **Glaswaren** an, etwa Karaffen und Schalen. Tradition haben auch **Holzschnitzarbeiten**, **Korbwaren** und **Strohhüte**, originell sind die sog. **Finken**, Schuhe ganz aus Stroh.

Essen und Trinken

Um es gleich vorweg zu nehmen: *die* typisch badische Küche gibt es nicht. Sie schöpft vielmehr aus verschiedenen Quellen, vor allem aus dem Schwaben-

Ob groß, ob klein, hell oder dunkel – irgendwann findet jeder die richtige Kuckucksuhr

land, was u. a. an den allerorten angebotenen Spätzle und Maultaschen zu sehen ist. Dazu gesellen sich Anleihen aus der Schweizer und französischen, speziell der elsässischen Küche. Französische Raffinesse verbindet sich so mit deutscher Bodenständigkeit zu einer vorzüglichen Regionalküche. Das **Feinschmeckerparadies** schlechthin ist Baiersbronn, wo man zwischen mehreren Spitzenlokalen die Qual der Wahl hat [s. S. 37].

Doch auch in den Schwarzwälder **Landgasthöfen** kann man gut essen. Angeboten wird schmackhafte Regionalküche, die durchaus auch mal deftig ausfällt. Oft kommen die Fleischprodukte aus eigener Schlachterei und auch der Forellenteich direkt hinterm Haus ist keine Seltenheit. Zwischen Mittag- und Abendessen wird traditionell ein **Vesper** aufgetischt, eine kalte Mahlzeit, etwa ein Stück Räucherspeck, ein bunter Wurstteller oder ein fein geschnittener Ochsenmaulsalat.

Auf dem Kaiserstuhl und im Markgräflerland gibt es sog. **Straußen-** oder **Besenwirtschaften**, deren Gasträume sich meist in Privathäusern befinden. Sie haben ihren Namen von vor dem Haus aufgehängten Sträußen oder Besen, die anzeigen, dass geöffnet ist – meist nur im Frühjahr und Herbst. Hier bekommt man überwiegend selbst gemachte Produkte aufgetischt, etwa Zwiebelkuchen, zu dem ein Viertele offener Hauswein kredenzt wird.

Spezialitäten

Bibbeliskäs: Mit fein gehacktem Schnittlauch angemachter Quark, der mit Pellkartoffeln verzehrt wird. Der Name geht auf *Bibbeli* (Hühnerküken) zurück, die nach der Geburt mit Quark aufgepäppelt werden.

Brägele: Mit Speck angebratene Kartoffelscheiben.

Flädlesuppe: Als Suppeneinlage dienen in feine Streifen geschnittene Pfannkuchen.

Flammkuchen: Elsässische Pizzavariante aus einem mit Zwiebeln, Speck und Sauerrahm belegten Hefeteig, der auf dem Blech ausgebacken wird. Die badische Version ist der Zwiebelkuchen, der im Herbst gern zum Federweißen gegessen wird.

Kirschenplotzer: Süßer Kirschauflauf mit Vanillesauce.

Knöpfle: Badische Spätzle, für deren Herstellung der Teig von einem Brett geschabt oder durch ein Lochsieb gedrückt wird, wobei sich kleine Kügelchen, eben die Knöpfle, formen.

Kratzete: Zerrupfter Pfannkuchen, klassische Beilage zu Spargel.

Kutteln: In Streifen geschnittene Rinderinnereien, die als säuerliches Tellergericht zubereitet werden.

Im Schwarzwald muss kein Gast hungrig vom Tisch aufstehen – versprochen

»Sonschd no ebbes?« – Kulinarische Highlights von süß bis deftig

Zwei grundverschiedene Spezialitäten haben den Schwarzwald weit über seine Grenzen hinaus bekannt gemacht – Kirschtorte und geräucherter Schinken. Genau genommen kommt die **Schwarzwälder Kirschtorte** gar nicht aus der Gegend, sondern wurde in den 1920er-Jahren von einem Bad Godesberger Konditormeister namens Josef Keller kreiert. Die Kalorienbombe mit viel Sahne wird auf einen dünnen Mürbeteig aufgeschichtet und mit geraspelten Schokoblättchen und Sauerkirschen dekoriert. Für das typische Aroma ist ein guter Schuss Kirschwasser verantwortlich, und das zumindest sollte im Schwarzwald gebrannt worden sein.

Seit 1997 genießt der **Schwarzwälder Schinken** EU-Herkunftsschutz: stammt er nicht aus dem Schwarzwald, darf er lediglich den Zusatz ›nach Schwarzwälder Art‹ tragen. Ein guter Schinken wird aus der Hinterkeule eines artgerecht aufgezogenen Schweines hergestellt und zeichnet sich durch eine feine Marmorierung aus. Das Räuchern spielt dabei eine besondere Rolle. Im Unterschied zur schnellen und billigeren Heißräucherung sollte der Schinken ›kalt‹ geräuchert sein, am Besten über der Glut von Tannenholz. Seine zartrosa Farbe und die feste, fast mürbe Konsistenz erhält er durch eine lange Reifezeit, in der dem Fleisch die Feuchtigkeit langsam entzogen wird.

Ein naher Verwandter des Schinkens ist der **Schwarzwälder Speck**. Er wird nicht aus der Hinterkeule, sondern aus Schweinebauch gemacht und fällt viel fetter aus. Man schneidet ihn in hauchdünne Streifen und verzehrt ihn bevorzugt zum Vesper.

Maultaschen: Taschen aus flach ausgerolltem Nudelteig werden mit Hackfleisch, Spinat oder Käse gefüllt und angebraten, abgeschmelzt oder in Brühe schwimmend serviert.

Ochsenfleisch: Gekocht und mit einer milden Meerrettichsauce angerichtet.

Rahnensalat: Salat aus Rote Beete.

Schäufele: Mild gepökelte und leicht geräucherte Schweineschulter.

Schlachtplatte: Üppige Bauernmahlzeit mit Blut- und Leberwurst, Kesselfleisch und Sauerkraut.

Schupfnudeln: Eine badische Gnocchi-Variante aus Kartoffelteig.

Schwarzwaldforelle: Wahlweise geräuchert, als Forelle blau (gekocht), nach Müllerin Art in Butter gebraten oder ›beschwipst‹, also in Weißwein gegart.

Wurstsalat: Meist mit zweierlei Wurstsorten, Zwiebeln und einer Vinaigrette angerichteter Salat – die elsässische Variation enthält zusätzlich noch Emmentaler Käse.

Zwiebelrostbraten: Ein Klassiker, für den eine fingerdicke Scheiben Roastbeef mit gerösteten Zwiebelringen abgedeckt wird, als Beilage gibt es Spätzle.

Wein und Spirituosen

Wein wird in Baden nicht getrunken, sondern ›geschlotzt‹ oder ›gepfetzt‹. An Auswahl edler Tropfen mangelt es nicht – die Weinregion zeichnet sich durch große Vielfalt an Rebsorten aus und kann angesichts des milden, sonnenreichen

Klimas mit außergewöhnlich vielen Prädikats- und Kabinettweinen aufwarten. In Baden hat man frühzeitig erkannt, dass die Zukunft dem chemiefreien Anbau gehört, etliche Winzer haben ihre Rebgärten auf ökologischen Anbau umgestellt. Die Weinberge erstrecken sich am Westrand des Schwarzwaldes von der Ortenau südlich von Baden-Baden über den Breisgau, Kaiserstuhl und Tuniberg bis zum Markgräflerland zwischen Freiburg und Basel. Die **Ortenau** ist für ihre *Riesling-Weine*, etwa den *Klingelberger*, bekannt und für den *Spätburgunder*, einen Rotwein, der mit seinem vollmundigen Geschmack zu den Spitzengewächsen in Deutschland gehört. Im Breisgau, insbesondere in den anspruchslosen Lagen im **Glottertal**, hat sich der *Müller-Thurgau* einen Stammplatz erobert. Leicht und dennoch reich im Bukett wird er als gut verträglicher Tischwein geschätzt. Auch der *Glottertaler Weißherbst* hat sich über die Talgrenzen hinaus einen Namen gemacht.

Der **Kaiserstuhl**, das größte badische Weinbaugebiet, bringt auf seinen fruchtbaren Lössböden einen herausragenden *Ruländer* hervor, daneben werden ansonsten in Deutschland nur wenig verbreitete Sorten wie *Chardonnay* und *Cabernet* kultiviert. Kleinere Winzer bauen ihre Weine mit Erfolg im Barrique aus. Vom **Markgräflerland** schließlich ist in erster Linie der *Gutedel* zu nennen, der es durch seine Frische und leichte Säure zur Nummer eins im Dreiländereck gebracht hat.

Feste und Feiern

Feiertage

1. Januar (Neujahr), 6. Januar (Dreikönig), Ostersonntag und Ostermontag (März/April), 1. Mai (Tag der Arbeit), Mai (Christi Himmelfahrt und Pfingstmontag, Mai/Juni (Fronleichnam), 3. Oktober (Tag der Deutschen Einheit), 1. November (Allerheiligen), 25./26. Dezember (Weihnachten).

Feste

Januar/Februar

Todtmoos, Bernau: Husky-Gespanne aus der ganzen Welt treffen sich zum *Internationalen Schlittenhunderennen* (Sprint und Mitteldistanz).

Schonach: Skilangläufer tragen den *Rucksacklauf* um den *Wälder-Cup* aus. Die

Winterfreuden für Huskies beim Schlittenhunderennen von Todtmoos und Bernau

Strecke führt über 100 km entlang des Fernskiwanderwegs nach Multen am Belchen. Die Teilnehmer müssen sich dabei nach einem bestimmten Reglement aus dem mitgeführten Rucksack selbst versorgen.

Februar/März

Rottweil, Schramberg, Villingen-Schwenningen und weitere Orte: Highlights der *schwäbisch-alemannischen Fasnet* sind u. a. der *Rottweiler Narrensprung* (Rosenmontag), die Schramberger *Da-Bach-na-Fahrt* (Rosenmontag), auf der Maskierte in fantasievoll dekorierten Holzzubern die Schiltach hinabfahren sowie der große *Villinger Umzug* (Faschingsdienstag). Weitere Hochburgen des närrischen Treibens sind Wolfach, Gengenbach, Zell am Harmersbach, Haslach u. a.

Mai/Juni

Bad Peterstal: Der kleine Ort im Renchtal ist für seine *Fronleichnamsprozession* bekannt, zu der traditionell kunstvolle Blumenteppiche und ein Trachtenumzug gehören.

Juni–August

Hornberg: Auf der Freilichtbühne Storenwald wird in folkloristischem Rahmen das *Hornberger Schießen* nachgespielt.

August

Baiersbronn/Enzklösterle (Monatsanfang): Beim *Mannschaftsmähen mit der Sense* mähen internationale Schnitter-Teams in mehreren Klassen Parzellen von

Fast jede Talschaft im Schwarzwald hat ihre eigene Tracht, hier die der Bernauer

6 x 10 bis zu 10 x 20 m^2 um die Wette. Das ist gelebtes Brauchtum!

Freiburg: 100 000 Windlichter verwandeln beim *Lichterfest* den Schlossberg in eine märchenhafte Traumlandschaft. Den Abschluss der dreitägigen Festivitäten bildet ein farbenprächtiges Feuerwerk.

Schluchsee (1. Wochenende): Mit Feststraße, zünftiger Blasmusik, Trachtengruppen und einem großen Feuerwerk wird das *Seenachtsfest* gefeiert.

Waldshut: Während der volksfestartigen *Chilbi* erinnert ein historischer Umzug an das Jahr 1468, als die Eidgenossen mit 16 000 Mann erfolglos die Stadt belagerten.

September

Oberkirch (1. Wochenende): Das *Renchtaler Wein- und Volksfest* zählt zu den größten Winzerfesten Baden-Württembergs. Im Festzelt stellen die Winzer über 50 verschiedene Weine der Ortenau vor. Höhepunkte sind die Wahl der Weinprinzessin und ein Feuerwerk.

St. Märgen: In dem kleinen Ferienort findet alle drei Jahre (nächster Termin 2004) der Tag des *Schwarzwälder Pferdes* statt. Im Mittelpunkt steht dabei das Schwarzwälder Kaltblut (auch St. Märgener Fuchs), eine unter Pferdezüchtern bekannte Rasse mit blonder Mähne. Prämierung, Reit- und Fahrtvorführungen sowie ein bunter Festumzug runden die große Pferdeschau ab.

Oktober

Weindörfer: Zahlreiche *Weinfeste* in der Ortenau, auf dem Kaiserstuhl und im Markgräflerland, die jeweils mit neuem Wein, Zwiebelkuchen, Maronen sowie reichlich Musik und Folklore gefeiert werden.

Dezember

Gengenbach: In der historischen Altstadt wird ein *Adventsmarkt* mit dem weltgrößten Adventskalender abgehalten.

Klima und Reisezeit

Im Schwarzwald herrscht ein gemäßigtes Mittelgebirgsklima mit nicht zu heißen Sommern und relativ milden Wintern. Den Frühling zeigt nicht der Kalender an, sondern die Apfelblüte. In der Rheinebene beginnt sie schon Mitte April, in den höheren Berglagen dagegen erst einen guten Monat später. Die Freiburger Bucht am Westrand des Schwarzwaldes zählt zu den wärmsten Regionen Deutschlands – im Sommer sind 35° keine Seltenheit. Sie verdankt ihre geschützte Lage der Burgundischen Pforte, durch die warme Luft aus dem Mittelmeerraum einströmt. Im Becken der Baar sammelt sich dagegen Kaltluft und beschert der Region am Ostrand des Schwarzwaldes erheblich kühleres Wetter. Dafür fallen an der Ostabdachung des Gebirges weitaus weniger Niederschläge. Am feuchtesten ist es in den Kammlagen im Nordwestschwarzwald, sehr niederschlagsreich ist beispielsweise die Hornisgrinde mit durchschnittlich 2100 mm pro Jahr.

Der Schwarzwald hat das ganze Jahr Saison. Wanderungen und Radtouren sind vom Frühjahr bis in den Spätherbst hinein möglich, vor allem die Herbstmonate bieten auf den Höhen meist gute Fernsicht. Die Wintersportsaison beginnt im Dezember und dauert bis in den März.

Klimadaten Freudenstadt

Monat	Luft (°C) min./max.	Sonnen-std./Tag	Regen-tage
Januar	-5/ 2	2	15
Februar	-4/ 3	3	13
März	-1/ 8	4	12
April	2/12	5	13
Mai	6/17	6	12
Juni	9/20	7	14
Juli	11/22	8	14
August	11/21	7	12
September	8/19	6	12
Oktober	4/12	5	11
November	0/ 7	2	12
Dezember	-3/ 3	2	12

Kultur live

Januar/Februar

Freiburg: Während des *Freiburg-Grenzenlos-Festivals* präsentiert sich eine vielfältige Kleinkunstszene mit internationalen Liedermachern, virtuosen A-cappella-Gruppen, schriller Comedy, scharfzüngigem Kabarett u.v.m (www.freiburg-grenzenlos-festival.de).

Mai

Baden-Baden: Der musikkulturelle Höhepunkt in der Bäderstadt sind die TOP TIPP **Pfingstfestspiele**. Repräsentativer Rahmen für die Opern, Konzerte, Tanzaufführungen und sonstigen Musikveranstaltungen ist das für seine gute Akustik bekannte Festspielhaus, das mit 2500 Plätzen zu den größten Häusern Europas gehört (Tel. 072 21/301 31 01, www.festspielhaus.de).

Juni/Juli

Freiburg: Auf dem 40 000 m² großen Mundenhofgelände vor den Toren der Stadt zieht das *Zelt-Musik-Festival* drei Wochen lang die Fans von Pop-, Rock-, Blues- und Jazzmusik an. Für etliche der mehr als 100 Veranstaltungen ist der Eintritt frei (www.zmf.de).

Juli

Bad Wildbad: Das internationale Opernfestival *Belcanto Festival Rossini in Wildbad* präsentiert neben Rossini-Opern auch zeitgenössische Kompositionen, etwa von Karlheinz Stockhausen, Wolfgang Rihm und Dieter Schnebel.

Lörrach: Das erstmalig 1994 organisierte *Stimmen-Festival* hat sich zum überragenden Musikereignis im Dreiländereck gemausert. Vertreten ist alles, was Stimme hat, von Kirchenchören über Jazzinterpreten bis zu Ikonen der Pop- und Weltmusik (www.stimmen.com).

Villingen-Schwenningen: Beim internationalen *Jazz-Festival VS swingt* gastierten schon Stars wie B.B. King, Count Basie oder Manhatten Transfer. Neben den Konzertabenden stehen Night sessions und ein Open-Air-Event auf dem Programm (www.vs-swingt.de).

Juli/August

Hirsau: Der Kreuzgarten der Klosterruine dient als Freiluftbühne für die *Klosterspiele Hirsau*, in der Klosterruine Peter und Paul findet eine Konzertreihe klassischer Musik sowie Theatervorstellungen und Lesungen statt (Tel. 070 51/16 73 61).

St. Blasien: Unter der großen Kuppel der Abteikirche finden die *Internationalen Domkonzerte* mit namhaften Chören, Ensembles und Konzertorganisten statt.

Oktober

Donaueschingen: Die *Donaueschinger Musiktage* sind seit 1921 Treff der musikalischen Avantgarde, die mit ausgefallenen Klanginstallationen und visualisierter Tonkunst wiederholt für Furore sorgte. Zu den namhaftesten Interpreten gehören etwa Karlheinz Stockhausen, John Cage und Maurico Kagel.

Kuren

Der Schwarzwald hat mit 16 heilklimatischen Kurorten, acht Kneippkurorten, einem Heilstollen mit Kurbetrieb und rund 65 Luftkurorten eine für Deutschland einzigartige Dichte an anerkannten Erholungsplätzen. Das gesunde Reizklima ist medizinisch ebenso anerkannt wie die wohltuende Wirkung der Schwarzwälder Thermalquellen.

Weitere Informationen erhält man beim **Heilbäderverband Baden-Württemberg**, Esslinger Str. 8, 70182 Stuttgart, Tel. 07 11/218 45 76, Fax 07 11/89 24 80 20, www.heilbaeder-bw.de

Nachtleben

Selbst im ruhigen Schwarzwald kommen Nachtschwärmer auf ihre Kosten. Vor allem die Studentenmetropole Freiburg lockt mit allerlei Kneipen, Bars und Kleinkunstbühnen. Im Nordschwarzwald verspricht ein Besuch der Spielbank Baden-Baden [s. S. 23] spannende Unterhaltung, dort können korrekt gekleidete Damen und Herren täglich 14–2 Uhr bei Roulette und Black Jack ihr Glück versuchen.

Sport

In der Erholungsregion Schwarzwald sorgt ein vielfältiges Angebot an Sport- und Freizeitaktivitäten für Abwechslung. Im Vordergrund stehen Wandern, Radfahren und Wintersportarten wie Ski alpin oder Langlauf. Daneben kommen auch Golfer, Kletterer, Reiter, Segelflieger und Kajakfahrer auf ihre Kosten.

Golf

Mehr als 20 Golfplätze machen den Schwarzwald zu einer guten Adresse für Golfer. Seit 2001 findet jedes Jahr auf wechselndem Parcours die *Schwarzwald-Golf-Trophy* statt. Über den Info- und Prospektservice Schwarzwald [s. S. 129] ist eine Broschüre mit allen Plätzen und ausgewählten Golfhotels erhältlich.

Nordic Walking

Die Ferienregionen Schonach, Schönwald, Furtwangen und Triberg haben etliche mit gelben Tafeln ausgewiesene Rundwege für die neue Trendsportart angelegt (Infos und Stockverleih bei den jeweiligen Touristenbüros; www.nordic-walking-schwarzwald.de). Strecken gibt es in der Feldbergregion (www.nordic-walking-zentrum.de). In Baiersbronn gibt es z.B. fünf Routen über insges. 30 km. In Schluchsee findet seit 2004 jeweils im Mai das Nordic-Walking-Opening statt (www.schluchseelauf.de).

Radfahren

Das gut ausgebaute Radwegenetz im Schwarzwald wird allen Ansprüchen gerecht, von leichten Ausflügen bis hin zu anspruchsvollen Bergtouren. Auch in Teilstrecken sehr schön zu fahren ist etwa der insgesamt 375 km lange **Schwarzwald-Radweg** von Karlsruhe nach Lörrach. Auch für Mountainbiker gibt es reizvolle Reviere in allen Schwierigkeitsgraden. Eine kostenlose Broschüre mit 40 Rad- und Mountainbiketouren ist über den Prospektservice Schwarzwald [s. S. 129] zu beziehen. Etliche Hotels und Pensionen sind mit abschließbaren Fahrradgaragen und Leihrädern auf Radurlauber eingestellt. Von verschiedenen Orten verkehren auch Radfahrerbusse zu beliebten Startorten für Radtouren. **Info**:

Südbaden-Bus GmbH (SBG), Bismarckallee 1, 79098 Freiburg, Tel. 0761/36172, www.suedbadenbus.de

Wandern

Auf Schusters Rappen die Natur erleben hat im Schwarzwald Tradition. Ein Pionier des Wandertourismus ist der 1864 in Freiburg gegründete **Schwarzwaldverein**. In seinem Auftrag betreuen 300 ehrenamtliche Wegwarte ein markiertes Wegenetz von mittlerweile ca. 23 000 km; die meisten Tourismusbüros halten Broschüren mit regionalen Tourentipps bereit.

Eine Besonderheit im Schwarzwald sind die gut ausgebauten und mit verschiedenfarbigen Rauten markierten **Fernwanderwege**. Die drei bekanntesten Routen sind der West-, Ost- und Mittelweg. Sie alle beginnen in Pforzheim und queren den Schwarzwald in seiner ganzen Länge. Am anspruchsvollsten ist der bereits um 1900 eröffnete *Westweg* nach Basel. Auf 285 km gilt es dabei insgesamt 5500 Höhenmeter zu überwinden, wobei mit der Hornisgrinde, dem Feldberg und dem Belchen drei der höchsten Schwarzwaldgipfel bestiegen werden. Für die gesamte Strecke sind elf Wandertage zu veranschlagen. Der *Ostweg* (239 km, 12 Tagesetappen) führt von Pforzheim am Ostrand des Gebirges durch die Täler der Würm und Nagold bis zum Hochrhein nach Schaffhausen. Der *Mittelweg* (233 km, 9 Tagesetappen) läuft über Hochebenen und vorbei am Titisee und Schluchsee nach Waldshut. Etliche *Querwanderwege* von Ost nach West sowie der *Kandel-Höhenweg* (133 km), der *Ortenauer Weinpfad* (63 km), der *Murgtal-Wanderweg* (95 km) und die beiden *Hansjakob-Wege* (54 km und 104 km) komplettieren das weit verzweigte Wandernetz.

Ausführliche Informationen über das Fernwegenetz, Wanderheime und Wanderliteratur hält bereit:

Schwarzwaldverein e. V., Schlossbergring 15, 79098 Freiburg,

Tel. 07 61/38 05 30, Fax 07 61/380 53 20, www.schwarzwaldverein.de

Wanderbusse bringen in der Feldbergregion, am Belchen, im Wiesental, an der Schwarzwaldhochstraße und der Wutachschlucht den Wanderer bequem zu den Ausgangspunkten der am meisten frequentierten Routen. Auskünfte erteilt die **Südbaden-Bus GmbH** [s. o.].

Wassersport

Im Hochsommer können Wasserratten an etlichen Seen und Talsperren unbeschwerten Badespaß genießen. Beste Bedingungen zum Baden bieten beispielsweise *Titisee*, *Schluchsee* und die *Schwarzenbach-Talsperre*. Die beiden letzteren sind auch ein gutes Revier für Windsurfer.

Wintersport

Sehr gute Bedingungen für Ski alpin, Snowboard, Langlauf und Schneeschuhwandern herrschen Dezember bis März im **Hochschwarzwald**. Besonders bekannt sind hier die Skiregionen Feldberg, Todtnau, Belchen, Titisee-Neustadt und Hinterzarten mit Höhenlagen von 1000–1400 m. Wenn es Frau Holle gut meint, ist auch der **Mittlere Schwarzwald** rund um Schonach und Schönwald für Langläufer und Springer mit gespurten Loipen, Sprungschanzen und Leistungszentren eine gute Wahl. Im **Nordschwarzwald** bieten sich die Kammlagen entlang der Schwarzwaldhochstraße an, in schneearmen Wintern helfen hier Schneekanonen nach. In der gesamten Region sorgen rund 150 Lifte und Seilbahnen, zahlreiche Skischulen und etliche Ausrüstungsverleihe für eine alles in allem gut ausgebaute Infrastruktur.

Unter den **Fernskiwanderwegen** ist die 100 km lange Loipe von Schonach zum Belchen eine Herausforderung für gut trainierte Läufer. Streckenbeschreibung und Quartiernachweise gibt es bei:

Arbeitsgemeinschaft Skiwanderwege Schwarzwald e.V., Haus des Gastes, 78136 Schonach, Tel. 077 22/964 81, Fax 077 22/25 48, www.fernskiwanderweg.de, Schneetelefon 07 00/33 74 36 52 63

Entdeckung der Stille – Wandern durch das naturbelassene Wildseemoor

Trockenen Fußes durch das Moor

TOP TIPP

Bis zu 1800 mm Niederschlag fallen hier jährlich, und doch gehört das **Wildseemoor** zwischen Bad Wildbad und Kaltenbronn zu den faszinierendsten Landschaften des Schwarzwaldes. Auf dem 900 m hohen Plateau erhielt sich eine urtümliche **Moorlandschaft**, die bereits seit 1939 unter Naturschutz steht. Den besten Zugang zu dem mit 181 ha größten Hochmoor des Schwarzwaldes hat man vom Wanderparkplatz Kaltenbronn aus, von dem man über die Leonhardshütte in 30 Gehminuten den von urwüchsigem Bannwald eingerahmten **Wildsee** erreicht. Zum Schutz der empfindlichen Moorfläche wurden Bohlenwege angelegt, die auf keinen Fall verlassen werden sollten. Im Sommer sorgen blühende Wollgräser und ausgedehnte Schwingrasen für den besonderen Reiz der Wanderung, doch auch im milden Herbstlicht, wenn die Gräser in unzähligen Braun- und Rottönen schimmern, ist die Tour überaus lohnend. Eine Einkehrmöglichkeit bietet die **Grünhütte** eine gute halbe Stunde nordöstlich des Wildsees.

Statistik

Lage: Der Schwarzwald liegt im deutschen Bundesland Baden-Württemberg und erstreckt sich als 160 km langes, 25–60 km breites Mittelgebirge zwischen dem Hochrhein im Süden und dem Kraichgau im Norden. Gegen Westen fällt das Gebirge steil zur Oberrheinischen Tiefebene ab, nach Osten gehen die Berge allmählich in das Schwäbische Stufenland und die Baar über. Höchste Erhebungen sind im Süden der Feldberg (1493 m) und im Norden die Hornisgrinde (1164 m).

Fläche: Der Schwarzwald umfasst rund 6000 km² und nimmt damit etwa 17 % der Landesfläche von Baden-Württemberg ein. Etwa 60 % des Gebirgszuges sind bewaldet.

Verwaltung: Der Schwarzwald gehört im Wesentlichen zu den Regierungsbezirken Freiburg (Landkreise Breisgau-Hochschwarzwald, Emmendingen, Lörrach, Ortenaukreis, Schwarzwald-Baar-Kreis, Waldshut) und Karlsruhe (Landkreise Calw, Enzkreis, Freudenstadt).

Bevölkerung: Im Schwarzwald leben 2,86 Mio. Menschen. Die beiden größten Städte sind Freiburg (211 000 Einw.) und Pforzheim (115 000 Einw.), es folgen Villingen-Schwenningen (80 000 Einw.), Offenburg (57 000 Einw.) und Baden-Baden (52 000 Einw.).

Wirtschaft: Noch bis ins 19. Jh. war Forstwirtschaft für den Schwarzwald typisch, doch heute sind Gewerbe wie das der Flößer, Köhler, Harzer und Salpeterer gänzlich ausgestorben. Auch der Bergbau, die Glasbläserei und die ebenfalls bis ins 19. Jh. beachtliche Textilindustrie spielen kaum noch eine Rolle. Doch nach wie vor leistet die lokale Holzindustrie mit Sägewerken sowie Papier- und Möbelfabriken einen wichtigen Beitrag zum Wirtschaftsaufkommen. Von besonderer Bedeutung ist heute der Maschinenbau und die Feinmechanik – hier zeigt sich noch das Erbe der Uhrmacher von einst.

Die Landwirtschaft dagegen ist stark rückläufig und wird in höheren Lagen meist nur noch im Nebenerwerb betrieben. Rentabel arbeiten lediglich die Höfe in den klimatisch begünstigten Vorbergen (Ortenau, Markgräflerland, Kaiserstuhl), in denen erfolgreich Wein, Spargel und Obst kultiviert werden. Trotz einer Strukturkrise nach dem Zweiten Weltkrieg konnten sich Uhrenbau sowie feinmechanische und elektrotechnische Industrie behaupten. In jüngerer Zeit etablierten sich auch etliche High-Tech-Unternehmen.

Mit jährlich 5 Mio. Feriengästen ist der Tourismus einer der wichtigsten Erwerbszweige. Neben dem traditionellen Bäder- und Kurbetrieb zieht die Erholungslandschaft des Schwarzwaldes vor allem Wanderer und Wintersportler an.

Unterkunft

Camping

Mehr als 70 Campingplätze gibt es im Schwarzwald, die meist reizvoll am Waldrand oder an See- und Flussufern liegen. Eine Auswahl geprüfter Campingplätze bietet der jährlich erscheinende **ADAC Camping Caravaning Führer** mit CD-Rom (Band Deutschland Nordeuropa), der im Buchhandel und bei den ADAC-Geschäftsstellen erhältlich ist. Darüber hinaus informiert der ebenfalls jährlich erscheinende ADAC Stellplatzführer umfassend über Übernachtungsmöglichkeiten für Wohnmobile und Caravangespanne, der ADAC Urlaubsführer Europa über das Angebot an Bungalows und Mobilheimen auf Campingplätzen in Deutschland (www. adac.de/ camping).

Detaillierte Auskünfte erteilt auch der **Landesverband der Campingplatzunternehmer in Baden-Württemberg**, Postfach 1116, 73099 Adelberg, Tel. 071 66/917 11, Fax 071 66/91712, www.camping-schwarzwald.com.

Ausgewählte Plätze stellt die kostenlose Broschüre Schwarzwald Camping und Caravan des Info- und Prospektservice Schwarzwald [s. S. 129] vor.

Ferienhäuser und -wohnungen

In allen Ferienorten werden Ferienhäuser und -wohnungen vermietet. Die jeweiligen Verkehrsämtern verschicken auf Anfrage Gastgeberverzeichnisse.

Familien quartieren sich gern in einem *Schwarzwaldhof* ein. Auskünfte erteilt:

Urlaub auf dem Bauernhof,
Friedrichstr. 43, 79098 Freiburg,
Tel. 07 61/271 33 90, Fax 07 61/28 77 75,
www.urlaub-bauernhof.de

Hotels und Pensionen

Im Schwarzwald stehen Hotels und Pensionen aller Kategorien zur Verfügung, von der einfachen Frühstückspension bis zum noblen Luxushotel. Die Regionalbüros Nördlicher, Mittlerer und Südlicher Schwarzwald [s. S. 129] geben jährlich Buchungskataloge mit Reservierungsservice heraus. Die Verkehrsämter der jeweiligen Ferienorte halten Gastgeberverzeichnisse bereit. Eine Auswahl an Hotels und Unterkünften findet sich im Haupttext dieses Reiseführers zu den jeweiligen Orten unter Praktische Hinweise.

Wanderer, Ski- und Radfahrer bringt der SBG- Bus umweltfreundlich ans Ziel

Jugendherbergen

Mit einem Jugendherbergsausweis können Gäste in 33 Jugendherbergen im Schwarzwald preisgünstig übernachten. Ausweis und Adressenverzeichnis bei:

Deutsches Jugendherbergswerk, LV Baden-Württemberg, Weinweg 43, 76137 Karlsruhe, Tel. 07 21/96 21 00, Fax 07 21/61 34 70, www.djh.de

Naturfreundehäuser

Die oft einfachen, aber zweckmäßig ausgestatteten Häuser bieten günstige Unterkunftsmöglichkeiten für Wanderer. Eine Häuserliste ist erhältlich bei:

Die Naturfreunde, LV Baden, Alte Weingartener Str. 37, 76227 Karlsruhe, Tel. 07 21/40 50 96, Fax 07 21/49 62 37, www.naturfreunde-baden.de

Verkehrsmittel im Land

In weiten Teilen des Schwarzwaldes erhalten Hotelgäste bei Ankunft eine **KONUS-Gästekarte**, die zur kostenlosen Beförderung im öffentlichen Nahverkehr mit Bus und Bahn berechtigt.

Bahn

Von den ICE-Bahnhöfen Offenburg und Freiburg erschließen **Regionalzüge** sowie die Schwarzwald-, Höllental- und Drei-Seen-Bahn die reizvollsten Orte im Schwarzwald. Fahrplanauskünfte erteilt die Deutsche Bahn, Tel. 118 61 (gebührenpflichtig), Tel. 0 80 01/50 70 90 (sprachgesteuert), www.bahn.de

Von besonderem touristischen Interesse sind etliche **Museumsbahnen** wie die Achertalbahn Achern–Ottenhöfen (Tel. 078 42/91 31 61), die Albtalbahn Ettlingen–Bad Herrenalb (Tel. 072 47/212 30), die Kandertalbahn Kandern–Basel (Tel. 076 26/8 99 60), der Rebenbummler Riegel–Breisach (Tel. 07 61/772 81), die Murgtalbahn Karlsruhe–Freudenstadt (Tel. 072 47/212 30) und die Sauschwänzlebahn Blumberg–Zollhaus (Tel. 077 02/510).

Bergbahnen

Die höchsten Schwarzwaldgipfel wie Feldberg, Belchen und Schauinsland sind mit Bergbahnen erschlossen, auch der Merkur bei Baden-Baden und der Sommerberg in Bad Wildbad sind bequem mit einer Standseilbahn zu erreichen.

Bus

Ein gut ausgebautes Bus-Streckennetz schließt alle größeren Ferienorte des Schwarzwaldes ein. Während der Saison werden Ski- und Wanderbusse eingesetzt. Günstig ist der 7-Tage-Buspass, der an sieben aufeinander folgenden Tagen zu beliebig vielen Fahrten in der Region Südbaden berechtigt (Südbaden-Bus GmbH, s. s. 136)

Mietwagen

Fahrzeuge können in allen größeren Orten ausgeliehen werden. Für ADAC-Mitglieder bietet die **ADAC-Autovermietung GmbH** einen Mietwagen-Service an. Buchungen sind über die ADAC-Geschäftsstellen oder unter Tel. 018 05/ 31 81 81 (0,14 €/Min.) möglich.

Schiff

Fahrgastschiffe verkehren ab Waldshut und Bad Säckingen auf dem Hochrhein und ab Breisach auf dem Oberrhein. Ausflugsboote laden auf Titisee und Schluchsee zu Rundfahrten ein.

Register

Impressum

Lektorat und Bildredaktion:
Elisabeth Schnurrer
Aktualisierung: Astrid Rohmfeld
Karten: Computerkartographie Carrle, München
Herstellung: Martina Baur
Druck, Bindung: Stürtz GmbH, Würzburg
Printed in Germany

Ansprechpartner für den Anzeigenverkauf:
Kommunalverlag GmbH & Co KG,
MediaCenterMünchen, Tel. 089/92 80 96-44

ISBN 978-3-89905-503-0
ISBN 978-3-89905-298-5 Reiseführer Plus

Gedruckt auf chlorfrei gebleichtem Papier

Neu bearbeitete Auflage 2007

Bildnachweis

Umschlag-Vorderseite: Kopfschmuck einer Gutacher Frauentracht. Foto: *Bildagentur Huber, Garmisch-Partenkirchen (M. Mehlig)*
Umschlag-Vorderseite Reiseführer Plus: Vogtsbauernhof im Freilichtmuseum Vogtsbauernhof im Gutachtal. *Foto: dpaPicture-Alliance, Frankfurt am Main (Bildagentur Huber/R. Schmid)*

Titelseite
Oben: Landschaft bei St. Märgen (Wh. von S. 6/7)
Mitte: Jugendliche Trachtengruppe aus Bernau (Wh. von S. 134)
Unten: Die Hexenlochmühle zwischen Furtwangen und Hinterzarten (Wh. von S. 84)

AKG, Berlin: 13, 14 (2), 15 (2), 107 unten – *Gunda Amberg Farbdia-Archiv, Gröbenzell:* 38, 81 unten – *DIZ/Süddt. Verlag Bilderdienst, München:* 11 oben – *Hedda Eid, München:* 8 oben, 9 Mitte, 22, 27, 29, 33, 35, 43 (2), 48 (2), 50, 51, 53, 59, 65, 81 oben, 83, 105 oben, 106 oben, 118 oben, 125, 127 – *Europapark, Rust:* 128 links unten – *Ralf Freyer, Freiburg:* 6/7 (2), 8 Mitte, 9 oben und unten, 10 links oben und rechts unten, 11 unten rechts, 12, 19, 21 oben, 23 unten, 24, 25 unten, 26 (2), 31, 41 (2), 42 oben, 45, 46, 47 unten, 49, 55, 56 (2), 58, 60, 61, 62, 63, 64, 66, 69, 70 unten, 72 (2), 73, 74, 75, 76, 77 unten, 80, 86, 88 unten, 90, 91, 92, 97, 100/101, 102 unten, 103 unten, 104, 105 unten, 108, 111 unten, 113, 114, 116 oben, 120, 121, 122, 123, 126, 128 links oben, 128 rechts Mitte und unten, 132, 139 – *Huber, Garmisch-Partenkirchen:* 10 links unten (Mehlig), 38/39 (R. Schmid), 84 oben, 88 oben, 98 oben (R. Schmid), 116 unten (Giovanni) – *IFA-Bilderteam, München:* 5 links (Manfred Schösser), 16/17 (Lecom), 70 oben (G. Hahn) – *Laif, Köln:* 28, 30, 79, 82, 115, 133, 134 (C. Emmler) – *Roland Irek, Seelze:* 8 unten, 67 (2), 77 oben, 78, 86/87, 93, 118 – *Look, München*: 95 (Heinz Wohner) – *Mauritius, Mittenwald*: 44 (Michael Obert) – *Photo-Press, Stockdorf/München:* 137 – *Schmuckmuseum, Pforzheim:* 42 – *Spielbank, Baden-Baden:* 23 oben – *Vitra Design-Museum, Weil am Rhein:* 119 – *Hanna Wagner, Wörth:* 32, 34, 36/37, 37, 47 oben, 68 – *Ernst Wrba, Sulzbach am Taunus:* 5 rechts, 11 unten links, 21 unten, 25 oben, 84 unten, 85, 98 unten, 102 oben, 103 oben, 106 unten, 107 oben, 109, 110, 111 oben, 117, 128 rechts oben, 131